MW00917300

TAMBIEN DE ROXANNE OCAMPO

Nailed it!
Quetzal Mama's Toolkit
for Extraordinary College Essays

Betcha Didn't Know!
Quetzal Mama's Tips
for *Latino* Parents

Flight of the Quetzal Mama
How to Raise Latino Superstars
and Get Them Into the Best Colleges

EL VUELO de la MAMÁ QUETZAL

Cómo criar hijos exitosos y prepararlos para las mejores universidades

ROXANNE OCAMPO

Derechos de Autor © 2016 by Roxanne Ocampo

Todos los derechos reservados. Con excepción de lo permitido bajo la ley de derechos de autor de 1976, U.S. Copyright Act of 1976, ninguna parte de esta publicación puede ser reproducida, distribuida o transmitida en forma alguna ni por medio alguno, ni almacenada en un sistema de recuperación de datos, sin autorización previa por escrito de la autora.

ISBN -13-978-1516947072
ISBN-10: 151694707X

Mamá Quetzal™ es una marca registrada por Roxanne Ocampo

Traducción al español de Beam Translation & Media Corporation

Fotografía por Cisco KIDD Photography

Límite de responsabilidad/Exención de garantía

Mamá Quetzal es de derechos de propiedad exclusivos, de propiedad y operación independientes de Roxanne Ocampo. Al crear el presente libro, Roxanne Ocampo, la autora, se dedicó a su propia investigación independiente y evidencias empíricas para respaldar sus declaraciones, aseveraciones, teorías, consejos y estrategias. El proceso de admisión a las universidades no es una ciencia precisa. Cada año hay una variedad de cambios que podrán, por último, afectar la promoción admitida al primer año de estudios universitarios. Con dichos cambios de año en año, por la subjetividad con la que se lee las solicitudes, y la variedad de habilidades y debilidades entre los estudiantes, la autora no entra en ninguna garantía ni ofrece promesa alguna a ningún estudiante que utilice esta información publicada que dicho estudiante será admitido/a a las universidades a las que presenta solicitudes. El objetivo de la autora es de ayudar a los estudiantes latinos a *maximizar las posibilidades* de admisión; no obstante, de ninguna forma garantiza la autora admisión a la universidad. Aplique su discreción al considerar las estrategias y las recomendaciones encontradas en este libro. Cuando tenga dudas, consulte con un/a profesional.

Dedicación

*Para los valientes padres que siempre han tenido alas,
y que ahora se preparan para volar.*

Agradecimientos

La traducción de este libro no habría sido posible sin el apoyo económico de los siguientes generosos individuos:

Lilia Vasquez, Tracy, California
The Piñon Foundation de Livermore, California
Sr. y Sra. Saul y Rita Navarro d Bakersfield, California
La familia Franco, Modesto, California

Josefina Acosta, San Diego, California
Ramón Alonso, Berkeley, California
Elizabeth Backer, Fresno, California
Elisavet Barajas-García, Stockton, California
Maria y Regino Bernal, Tracy, California
Alicia Candelaria, San Francisco, California
Annamarie Dawber, Escondido, California
Cheryl Domenichelli, Brentwood, California
Susie Martin, Livermore, California
Mirna Gil, Tracy, California
Gabriella Herrera, Cambridge, Massachusetts
Fred Medina, Tracy, California
Theresa Agpaoa-Ocampo, San Jose, California
Alejandra Sánchez, San Diego, California
Michelle Soltero, San Diego, California

A Arturo Ocampo, mi esposo – Estoy muy agradecida por tu apoyo y aliento incondicionales. Siempre recordaré tu paciencia durante la redacción y la publicación de este libro. Gracias por ayudarme a criar a tres lindos hijos y por darles tu amor y respaldo sin condiciones.

A Carlos, Gabi y Emilio, mis hijos – Su fuerza, determinación y actitud positiva me han motivado a hacer lo mejor posible. Estoy tan orgullosa de los tres y me siento bendecida por haber recibido la oportunidad de ser Mamá Quetzal para ustedes, también su chofer del "Pfunky Bus" y por formar parte del trayecto asombroso de cada uno de ustedes.

A Rubén y Josie Gutiérrez, mis padres – Gracias por darme el apoyo durante mi propio trayecto por hacerme autora y por ayudarme a ser la madre que ahora soy.

A Margarita Maestas-Flores, mi editora – ¡Gracias por compartir conmigo tus habilidades extraordinarias y tu tremenda capacidad de edición! Tú recibiste un manuscrito y lo convertiste en un libro de *verdad*.

A Maribeth Bandas, la traductora – Sinceramente agradecemos su dedicación, paciencia, y habilidades de traducción excepcionales.

A la Doctora Eileen Barrett, Profesora de Inglés, California State University, East Bay – Gracias por animarme a seguir la disciplina de la lengua inglesa. Ahora puedo compartir mis pensamientos, por escrito, con el mundo.

Al equipo del grupo de enfoque Mamá Quetzal, un agradecimiento especial – Las siguientes Mamás Quetzales ofrecieron voluntariamente su tiempo y energía para leer mi manuscrito, ofrecer sugerencias, y darme ánimos y apoyo durante las etapas iniciales del libro. ¡Le agradezco a este equipo extraordinario de Mamás Quetzales! En orden alfabético:

Evelyn Mita Feliciano
Jocelyn Flores
Marisela Gomez
Teresa Lopez
Gabriela Kovats Murillo
Grace Paget
Patricia Sanchez
Saida Sanchez
Jeanette Tober
Jacqueline Turner
Araceli Verduzco

Roxanne Ocampo es una orgullosa mamá latina y autora de varios libros populares sobre el tema de admisión a la universidad para los padres latinos. Ella es ejecutiva principal de Quetzal Mama™, una práctica sin fines de lucro de preparación para solicitar el ingreso a la universidad para estudiantes latinos. Su programa, Quetzal Mama Scholars™, es un programa preparatorio intensivo, para solicitar el ingreso a la universidad, orientado hacia una selección de estudiantes en el norte del condado de San Diego. Ofrece servicios de consultoría a las universidades públicas y privadas por todo Estados Unidos, y dirige 75 talleres para estudiantes de kinder a 5to grado, de escuela intermedia y escuela secundaria, donde cubre las estrategias para solicitar admisión a la universidad y las becas competitivas. Los estudiantes egresados de su práctica han recibido becas nacionales y admisión a las más prestigiosas universidades.

Roxanne Ocampo es candidata al doctorado en Liderazgo Educativo en la University of California en San Diego. Tiene un título de Maestría y de Bachiller en estudios de la lengua inglesa de California State University East Bay. Las teorías y la filosofía que orienta su obra derivan de la teoría crítica de la raza. Nació y se crió en la zona de la Bahía (San José) y reside en San Marcos, California.

Roxanne está casada con el doctor Arturo E. Ocampo – abogado de derechos civiles y leyes educativas y vicepresidente asociado de Diversidad y Equidad Educativa en CSU San Marcos. Juntos han criado a tres hijos asombrosos, haciendo seguimiento de los 10 principios de la Mamá Quetzal.

Contenido

Dedicación y agradecimientos
Sobre la autora
Introducción

Primera Parte
La filosofía de la Mamá Quetzal

Segunda Parte
La planificación estratégica y los recursos

Tercera Parte
El proceso de presentarse a la universidad

Introducción

No hay nada como ver la reacción de su hijo/a cuando abre "el sobre grande". Hoy en día el tal sobre grande se ha convertido en un sobre virtual; el contenido de un correo electrónico. El mensaje contiene seis palabras, las cuales se ha esmerado por ganar su hijo/a durante toda su trayecto académico: "*Welcome to the Class of 2020*".

En el mundo de nosotros, el sobre grande aparece con muy poca frecuencia. Cuando uno de cada cuatro estudiantes latinos logra acceder a las renombradas instituciones académicas de los Estados Unidos, la comunidad entera lo envuelve en un abrazo y aclama al estudiante. Sin discusión, ésta es una reacción muy particular a nuestro grupo cultural. Sentimos orgullo y alegría, así no conozcamos personalmente al estudiante. Para nosotros, él o ella es un símbolo de esperanza.

Nuestros hijos latino-americanos son singulares. Tienen perspectivas singulares y enfrentan desafíos singulares. Su camino hacia la educación superior (incluyendo las renombradas instituciones académicas llamadas *Ivy League*) difiere de manera importante del de sus contrapartes blancos o asiáticos. La estrategia para nuestros hijos latino-americanos no la comparte ningún otro grupo cultural. Tan es así, que cuando nuestros estudiantes se presentan a las universidades estadounidenses, se les da consideración con un lente particular, el cual respeta sus habilidades y experiencias de vida singulares. *Como punto final*, en la cima del mundo académico, nuestros hijos serán valorados por el conjunto extraordinario de experiencias vitales que aportan a la vida estudiantil universitaria.

Los estudiantes latinos no caben dentro de la misma categoría amplia que sus contrapartes con respecto a las políticas y prácticas de admisión a la universidad. Existen programas, recursos y becas destinados particularmente a los estudiantes latinos. Nuestros estudiantes cuentan con ventajas únicas, las cuales no reciben promoción ni documentación. Si usted no está al tanto de tales recursos, es posible que su hijo/a no tenga la oportunidad de aprovecharlos del todo.

Sea cauteloso/a cuando lea lo expuesto en los párrafos anteriores. El camino que tomará su hijo/a hacia la universidad (incluyendo hacia las universidades de renombre) no tiene nada que hacer con beneficiarse de la llamada *Affirmative Action*, ni con rebajar los parámetros académicos, ni con ser una etiqueta representativa de ningún tipo. Una suposición incorrecta en la que caen muchas personas (incluyendo muchas personas muy preparadas) es que se *rebajan* los parámetros académicos para los estudiantes latinos y otros considerados de "minoría". Esta suposición sencillamente es errónea. De hecho, la realidad es todo lo contrario. Los parámetros se elevan para los estudiantes subrepresentados por los obstáculos que están obligados a superar – obstáculos que no encuentran sus contrapartes blancos o asiáticos.

Algunos de los obstáculos que deben superar nuestros inteligentes estudiantes latinos incluyen:

- Crecer sin los recursos ni el conocimiento del camino que tomar para entrar en las universidades comunitarias y/o las universidades de renombre;
- Ser el primero de su familia en asistir a la universidad;
- Formar parte de una clase más baja en términos socio-económicos;
- Hablar el inglés como lengua extranjera (ellos mismos y/o sus padres);
- Ser percibidos como inferiores por los demás – un prejuicio que repercute en las oportunidades académicas y los resultados académicos;
- Sentirse apocado uno mismo – resultado de asumir interiormente los estereotipos generalizados y que se ve reflejado en el comportamiento y las actitudes de los profesores, administradores y la sociedad;
- Sufrir una falta de ejemplos, mentores o consejeros culturalmente relevantes;
- Ser orientados hacia programas incompatibles con sus habilidades intelectuales; y
- No ser considerados, ser omitidos o excluidos de los programas que *son* compatibles con sus habilidades intelectuales (por ejemplo el programa GATE), debido a los prejuicios culturales y los estereotipos.

Con las mismas calificaciones en las pruebas normalizadas, el mismo promedio de notas, y los mismos maestros, el o la estudiante latino/a con frecuencia tendrá una experiencia académica y resultados académicos diferentes a los de sus contrapartes blancos y asiáticos.

Cuando sí alcanzan el éxito nuestros estudiantes latinos, es el resultado de un fenómeno que yo denomino *Rodrigo el resiliente*. Una y otra vez Rodrigo tendrá que "probarse", porque a lo largo de su trayecto académico, con cada paso que da, se encontrará con un nuevo grupo de personas mal informadas y prejuiciosas. Es inevitable que Rodrigo se dé contra estos obstáculos cada año académico, cada vez que postula a un programa académico prestigioso y competitivo, y con cada nuevo instructor. Lo irónico es que la resiliencia que ha acumulado durante años de darse contra estos ciclos, y la obligación de siempre ser mejor que sus pares, al final será de gran provecho para Rodrigo. Su resiliencia lo elevará a figurar entre los primeros de su clase y le dará la posibilidad de atraer reconocimiento de las universidades competitivas y de renombre. Este factor de resiliencia acumulada es lo que permite que los niños latinos accedan a estas instituciones prestigiosas – y no es por rebajar el parámetro de las calificaciones del SAT o del promedio de notas.

Este libro no es de los que insisten que "Tú puedes hacerlo", los cuales buscan convencer o motivarle a usted a matricular a su hijo/a en una universidad. Yo sé muy bien que los padres latinos están muy inspirados y motivados para ayudar a sus hijos a ser exitosos. Estoy convencida que los padres latinos no buscan entender *por qué* sus hijos deberían asistir a la universidad, sino entender *cómo* lograr que lo hagan.

En lo que inicié el proceso de buscar una estrategia para encaminar a mis propios hijos hacia la universidad, aprendí rápidamente dos cosas. Primero, no existe un solo libro integral que les ofrezca a los padres latinos un plan de acción para ayudar a sus hijos a ser exitosos académicamente, empenzando con el kinder al 5to grado; también en la escuela intermedia y en la secundaria, y durante los estudios universitarios. Segundo, si los padres no parten desde una posición ventajosa, y si no conocen a las personas claves, no encontrarán las oportunidades académicos que merecen sus hijos.

Este libro representa el resultado de todo lo que he venido documentando durante mi trayecto por el laberinto del mundo académico. Se dio en parte porque soy de sobremanera organizada – pero se dio mayormente porque quería ver algo por escrito que pudiera compartir con otros padres de familia. Me pasé más de diez años completando mi investigación independiente; hablando con maestros, padres, consejeros, directores y superintendentes de escuelas; y leyendo libros sobre las prácticas de admisión a las universidades estadounidenses. Empecé a hacer esto cuando mis hijos cursaban estudios primarios y no me he detenido. Dado el hecho de no encontrar ni un libro ni un recurso que se dirigiera específicamente a los niños latinos; tampoco un plan de acción para ayudarlos a tener éxito académicamente, decidí que lo escribiría yo misma.

Cuando nos quedó claro que nuestros hijos iban alcanzando su potencial académico, otros padres de familia nos preguntarían, ¿cómo lo han hecho? En nuestra pequeña comunidad, se supo rápidamente que nuestra hija fue aceptada a las universidades de Harvard, Stanford, Yale, etc., y que le llovían ofertas de becas. Lo mismo ocurrió con nuestro hijo. A él lo aceptaron a la University of Southern California (USC) y a las diversas Universidades de California, junto con ofertas de becas y otro tipo de premios. Naturalmente, cuando los padres de familia le preguntaban al superintendente de escuelas de nuestro distrito cómo hacer para que sus hijos fueran aceptados a las mejores universidades, él les aconsejaría, "Vayan a conversar con la señora Ocampo". Mientras más padres preguntaban, más evidente se me hacía que yo tenía que escribir este libro.

Tuve la fortuna de haber sido criada por mi madre – una psicóloga clínica y la personificación de una Mamá Quetzal. Durante la década de los años 1970, mi madre comenzó a poner en práctica una filosofía conocida como "dinámicas creativas". El movimiento de las dinámicas creativas de los años setenta se arraigaba en el pensamiento positivo, se valía de la fuerza de la conexión entre mente y cuerpo, y describía cómo el pensamiento positivo y la visualización producen resultados positivos. Algunos de los postulados claves de la filosofía de dinámicas creativas incluyen el establecer metas, la visualización, el poder del lenguaje, y la ley de la atracción. La piedra de toque para mi madre era el autor Jonathan Livingston Seagull (Richard Bach), y nosotros, sus hijos, éramos sus discípulos. En mi recámara, puso sobre mi cama un afiche que decía, "Si lo puedes soñar, lo puedes alcanzar". Nos enseñó que las palabras son poderosas y nos aconsejó que tuviéramos cuidado con lo que decíamos. Por ejemplo, en nuestra casa estaba prohibido usar la frase, "No puedo". Ella creía que esta frase negativa era una predicción que se cumpliría. Nos pedía que dijéramos, en vez de "no puedo", "tengo un desafío" cuando nos encontrábamos con algo que parecía estar fuera del alcance de nuestras capacidades.

Todo esto podrá parecer palabrería de auto ayuda de los años 1970, pero todos mis hermanos son personas muy logradas. Entre los cuatro, hemos asistido a las universidades de Harvard, Stanford, University of Chicago, Santa Clara University, UC Berkeley, UC San Diego, y University of Wisconsin. Por fortuna, las lecciones que aprendimos de nuestra madre, las hemos pasado a nuestros hijos. ¡Somos testigos ahora de espectaculares resultados!

Mientras mi madre practicaba la filosofía de las dinámicas creativas, la filosofía filial de mi padre se puede resumir en una frase favorita que tenía: "¡Este no es ningún hotel!" Tenía un estilo más regimentado y estructurado – posiblemente por el servicio militar que prestó como "Seabee" en la fuerza naval estadounidense. El creía en estar enfocado en una tarea, en ganarse la vida (por decirlo así), en ser el eslabón más fuerte de la cadena, y en empeñarse en ser lo mejor posible académicamente. Quería que apreciáramos todo lo que él se había ganado y que la vida no se trataba de sentir que uno tiene derecho a las cosas. Al televisor lo llamaba "la caja de la idiotez" y nos decía que todo lo que necesitábamos saber se encuentra en un libro. Sin lugar a dudas, cada uno de nosotros leía constantemente. Teníamos que levantarnos temprano, ser productivos, e ir a la escuela o al trabajo. No había otra opción. Ah, y además había que sacar las más altas notas.

A mi padre le parecía que el temor es lo que más motiva y que lo que mejor funcionaba era el refuerzo negativo. Su actitud me recuerda al personaje que representa Chris Farley por el programa de televisión, *"Saturday Night Live".* Me refiero al "orador motivacional". Es una representación muy chistosa del estilo de refuerzo negativo de mi padre. Me refiero al lema de Farley: "...vivir en una furgoneta allá por el río", que se parece al estilo que usaba mi padre para motivarnos. A la vuelta de cada esquina había una "desagradable sorpresa" si no le seguíamos los consejos sagaces.

Aparte de sus tácticas de miedo y de refuerzo negativo, mi papá siempre ha sido muy astuto en cuanto a la política. El es una persona capaz de ver el panorama general y tiene aprecio por la manera en que los factores complejos conforman e influyen nuestro mundo. Por ejemplo, con frecuencia hablaba de las estructuras políticas nacionales e internacionales y sus diferencias para las personas que tienen y que no tienen poder. Nos instruyó en la realidad de la estructura de poder conocida como "el hombre" y cómo esta entidad simbólica afecta la vida de los latinos. De mi papá, aprendí algunas de las importantes lecciones que yo les pasé a mis hijos:

- En la vida no hay nada gratis (por ende, éste no es ningún hotel).
- Siempre habrá alguien más inteligente, más rápido/a y mejor que tú.
- No te metas en problemas, para no tener líos.
- Vota en todas las elecciones. Es importante.

Y el consejo más importante: Los que alcanzan los más altos logros académicos recibirán la tajada más grande del queso.

Por haber sido criada bajo estos dos estilos de liderazgo paternal tan dramáticamente contrastantes, pude identificar el estilo que yo adapté para mis hijos. Mi estilo, y lo que me parece que es un método muy efectivo de ser padre de familia, se describe en el presente libro.

Un hecho absoluto surgió en lo que esbozaba las estrategias definitivas de la preparación para entrar a la universidad. Este hecho es que no pueden ser eficaces las estrategias sin implementar la filosofía que las guía. También es cierto lo contrario: La filosofía no puede funcionar de manera aislada sin implementar las estrategias.

Yo sabía por experiencia propia al criar a mis hijos que la filosofía que me guía tuvo el mayor impacto sobre el futuro éxito de mis hijos.

El enfoque exclusivo de este libro es el éxito académico. Si bien existen otras formas en las que los niños latinos pueden demostrar sus habilidades, la realidad es que el logro académico de su hijo/a surte el mayor impacto sobre su éxito en relación a *cualquier* emprendimiento futuro. Por cierto, hay unos pocos individuos excepcionales que abandonan la secundaria y que después logran grandes éxitos en la vida. Lo mismo se puede decir de los que optan por seguir caminos sin preparación académica, como los deportes o las artes, y que se vuelven muy exitosos. No obstante, usted, ¿a cuántas personas ha conocido *personalmente* en su vida que caben dentro de esta elevada categoría? Los estudios de investigación indican que el éxito académico se vincula más al ingreso, a las promociones, a la salud en general, y a la calidad de vida, más que cualquier otro factor. Es por esta razón que he elegido dar enfoque al éxito académico para los niños latinos.

También escribí este libro porque me preocupa mucho cómo están nuestras escuelas públicas – en particular la brecha en logro académico de los estudiantes blancos y asiáticos comparados con los estudiantes latinos y africano-americanos. Nuestros niños de color están saliendo desaprobados. Para cuando uno de nuestros estudiantes de tez morena "con suerte" logra atraer la atención de un consejero de escuela secundaria, con frecuencia ya es demasiado tarde. No les echo la culpa a los consejeros de la secundaria. Lo que digo es que si un estudiante comienza a crear una estrategia para llegar a la universidad en la escuela secundaria, con frecuencia ya es demasiado tarde. Como Mamá Quetzales, no podemos estar a la espera o fiarnos de otros para crear estrategias y establecer el camino al éxito académico para nuestros hijos. Debemos hacernos cargo y hacerlo nosotros mismos.

El presente libro es un resumen de los detalles intricados que he aprendido durante los últimos diez años en lo que he ido completando, pieza por pieza, este rompecabezas. Usted debe darles este libro a sus hijos e hijas, sobrinas y sobrinos, a sus vecinos, a su comadre o compadre, a su esposo/a, a su pareja, a su abuelita/abuelito, y todos sus amigos y parientes. ¡Nunca es demasiado temprano, ni tampoco demasiado tarde!

Como latinos, somos una gente de tremenda flexibilidad. Somos incansables, inteligentes y no escatimamos los esfuerzos. Entonces, para ser fieles a nuestro espíritu, nuestro enfoque está en la manera de sobreponernos a los desafíos y no en cómo estos nos prohiben salir adelante.

Sí, es verdad que es más fácil quedarnos de brazos cruzados, echándoles la culpa a otros por nuestros fracasos. Podemos culpar al sistema de escuelas públicas, al racismo institucionalizado, a nuestra situación social y económica, a nuestra falta de recursos, o a un sinfín de excusas más. No digo que estos factores no existen, ni tampoco digo que no alteran negativamente o que no repercuten las oportunidades que tienen nuestros hijos. Créanme. Yo conozco estas barreras; mis hijos conocen estas barreras; y las generaciones previas a la mía pueden dar testimonio de estas barreras dolorosas.

Lo que digo es que, porque existen estas barreras, o podemos aceptarlas y admitir la derrota; o nos podemos convertir en Quetzal guerreros y divisar un plan que funcione a pesar de ellas. Este libro lo escribí convencida que las Mamás Quetzales podemos trabajar al margen de estas barreras, y que nuestros hijos lograrán el éxito a pesar de ellas.

Yo les planteo un reto a los padres latinos, a los futuros Mamás Quetzales, y a los que quieren ser Quetzales: que lean con detenimiento este libro, capítulo por capítulo, considerando bien cada pizca de información. Si, a usted en particular, le resulta enorme el reto, o agobiante, le animo a buscar a otra mamá quien también quiere lo mejor para su hijo/a latino/a, para abordarlo juntas o en grupo. Lo probable es que vivan en un mismo distrito escolar y así pueden crear un plan de acción que se divida en componentes separados.

Recuerde, yo no me convertí en Mamá Quetzal de la noche a la mañana, ni tampoco apliqué todo lo que aprendí de una sola vez. Me llevó más de una década recopilar esta información y ponerla a prueba; observar los resultados y a continuación documentarlos para el conocimiento del público. Si acaso leyera solamente una sección, aplique lo que dice a su propia situación. Verá que le irá mucho mejor que si no hiciera nada.

Este libro está segmentado estratégicamente en tres partes. La primera parte se dirige a los 10 principios de la Mamá Quetzal – la guía filosófica que prepara la fundación psicológica que usted establecerá antes de comenzar la segunda y la tercera parte del libro.

La segunda parte instruye a los padres de familia en la manera de "hacer que el sistema funcione" para ustedes, y les proporciona la terminología clave, los recursos y los cronogramas con los que trazarán la estrategia académica de su hijo/a.

Por último, la tercera parte del libro contiene todo lo detallado de las instrucciones, recomendaciones y secretos para ayudar a su hijo/a a entrar a la mejor universidad posible.

Las tres partes del libro son esenciales para el éxito académico de su hijo/a y pueden ser leídas en el orden que se desee. Se recomienda, sin embargo, leer e implementar primero los 10 principios de Mamá Quetzal porque van a sentar lo fundamental para todo lo que sigue. Para poder implementar con éxito muchas de las rigurosas estrategias que describo en la segunda parte, es necesario haber convencido de antemano a sus hijos del valor de la estrategias.

Por todo el libro encontrará referencias a algunas de las universidades más renombradas y competitivas (Harvard, Yale, Princeton, etc.). Me refiero a estas prestigiosas instituciones como punto de referencia, con la intención de inspirar y establecer un hito mayor. No me refiero a estas instituciones con el fin de enajenar o de desanimar a los lectores que no se identifiquen con este nivel de logro académico. Este libro lo he escrito convencida que los padres de familia usarán las herramientas y los métodos descritos para ayudar a su estudiante con cualquier esfuerzo académico – sea un título de dos años (AA por sus siglas en inglés), una escuela profesional o instituto de capacitación para un oficio, o una universidad pública, comunitaria o privada.

Si usted está leyendo este libro y tiene información emocionante que compartir con otras Mamás Quetzales o si ha utilizado estas herramientas exitosamente, comparta su historia en quetzalmama@gmail.com.

Yo le reto a convertirse en Mamá Quetzal.

Roxanne Ocampo
Mamá Quetzal y madre de tres hijos prósperos, ambiciosos, empeñados, exitosos, humildes y gentiles.

Primera Parte

La filosofía de la Mamá Quetzal

El enfoque de la primera parte se dirige a los aspectos filosóficos que ayudan a los padres a criar hijos latinos con logros académicos espectaculares. Esta sección incluye los 10 principios de la Mamá Quetzal y un análisis de los mitos que podrán sabotear los esfuerzos por criar a hijos de mucho logro académico.

CAPÍTULO 1
¿Qué significa Mamá Quetzal?

¿Qué significa Mamá Quetzal? Es posible que usted conozca un par de ellas. Si está leyendo este libro, es probable que usted sea una de ellas. Yo soy una Mamá Quetzal, mis hermanas son Mamás Quetzales, y mi madre y mi suegra son Mamás Quetzales. Una Mamá Quetzal es una mamá latina orgullosa quien hará cualquier cosa por asegurar que sus hijos realicen el trayecto por el que se han decidido. Una Mamá Quetzal sabe que sus hijos cuentan con dotes y talentos especiales y que contribuirán profundamente a la sociedad. Como tal, una Mamá Quetzal les proporciona a sus hijos toda oportunidad para lograr el éxito; y quita toda barrera.

Se me ocurrió el término Mamá Quetzal cuando intentaba dar en el punto y nombrar el método de crianza que yo practicaba con mis hijos. El término "mama" es universal. Una Mamá Quetzal puede ser un padre, un abuelito, un padrino, un padrastro, una tía o un tío, o cualquier persona que asume un papel activo y orienta el trayecto académico de un estudiante.

Como feminista, para mí es importante que mis lectores no malinterpreten este concepto. No quiero perpetuar un estereotipo de género, ni tampoco quiero declarar que los hombres son incompetentes espectadores del proceso de la crianza de los niños. Existen muchos padres que toman en serio sus papel de padre y que participan de lleno en el proceso de criar a hijos exitosos (como ejemplos pongo a mi esposo y a mis cuñados). Si usted es la persona en la vida de un niño que tiene la inclinación, las habilidades de organización, la tenacidad, la pasión y el compromiso a largo plazo que se requieren para llevar a cabo el enorme cometido que es la orientación académica, entonces usted es un/a Mamá Quetzal.

El nombre del libro surgió cuando leí el libro de Amy Chua, "El himno batalla de la Madre Tigre" – un libro promocionado como la filosofía de la crianza filial de padres asiáticos. Compré entusiasta el libro de Chua, deseosa de aprender estrategias, recomendaciones y métodos para producir estudiantes de alto rendimiento. Desgraciadamente, no observé mucha sabiduría, pero sí concordé con Chua en cuanto al valor de la enseñanza musical – que es uno de los principios de la Mamá Quetzal.

Elegí el nombre "quetzal" por la poderosa imagen e historia asociadas con esta especie de ave. El ave quetzal es un símbolo de liberación y de libertad y tuvo un papel importante en la mitología indígena. La palabra "*quetzal*" es del náhuatl (la cultura azteca). La raíz *quetz* significa "erguido", derivada de *quetzalli*, en referencia a una pluma alta y erguida.

Los maya consideraban más valiosas que el oro las plumas del quetzal macho, las cuales sólo podían adornar a los sacerdotes maya o a la nobleza como símbolo de fertilidad. El dios azteca, Quetzalcoatl, (la serpiente emplumada) fue adorado por los aztecas.

El ave quetzal no sobrevive la captura y es sabido que se mata después de ser enjaulada o capturada. Por esta razón, elegí al ave quetzal como símbolo de libertad para los estudiantes latinos. Somos una especie bella, pero nos hicieron cautivos los colonizadores europeos. Nos han encarcelado los estereotipos, la discriminación, y el racismo interiorizado. En cierto sentido hemos vivido en cautiverio desde 1492.

Afortunadamente, está en proceso un nuevo despertar. Los quetzales están saliendo de sus jaulas y están asumiendo el lugar que les corresponde en su hábitat adaptado. Escuchemos en silencio. ¡Se oirá el tintineo de las puertas oxidadas de las jaulas mientras que se extiende por el aire la tonalidad del vuelo del quetzal! Yo le reto a irrumpir de su jaula y convertirse en un/a Mamá Quetzal.

CAPÍTULO 2
La filosofía de la Mamá Quetzal

La filosofía de la Mamá Quetzal tiene dos premisas: la participación de los padres y las expectativas altas. El solo concepto y el más fundamental, que resulta en el mayor impacto para el éxito de su hijo/o comienza con usted: *el padre* o *la madre*. Su papel comienza al iniciarse la carrera académica de su hijo/a y continúa hasta el día en que atraviesa la tarima para recibir su diploma universitario. No vaya a subestimar el papel que usted juega en este proceso. Sin poner de su parte, es muy poco probable que su hijo/a llegue al éxito. Además, tampoco debe subestimar el impacto que tendrán las altas expectativas en la vida de su hijo/a. El establecer temprano las expectativas altas y el reforzar estas normas de manera consistente, son factores decisivos en el éxito de su hijo/a.

Al criar a nuestros tres hijos, mi esposo y yo seguimos los 10 principios de la Mamá Quetzal. Cada niño tiene talentos, dotes y una personalidad distintivos, independiente el uno del otro. No obstante, los tres saben que tienen un propósito mayor que lograr en la vida, y están empeñándose en realizar su contribución a la humanidad, y tienen la confianza de saber que lo lograrán. Los tres tienen gran respeto el uno por el otro, y hacen honor al lugar especial que ocupa cada uno en la familia. Están entre los niños que más se dedican a sus labores que he conocido en mi vida. Los tres muchachos tienen un vigor y una actitud aparentes que los separa del montón.

Con estos comentarios, algunos de mis lectores estarán pensando, "¡Por seguro, sus hijos tienen tanto éxito porque comparten los tres el mismo ADN!" Debo admitir que mis hijos son inteligentes. No obstante, el ser inteligente no lleva a un estudiante a tener vigor, ni a alcanzar altos logros. Lo que es más, la inteligencia tampoco lleva necesariamente a que un niño tenga empatía, compasión ni deseo de servir a la humanidad. Hay muchos estudiantes con un coeficiente intelectual excepcional, quienes permanecen sin motivación, e inspiración y que no son productivos. Yo creo que la diferencia entre mis hijos y otros jóvenes inteligentes es la filosofía de la Mamá Quetzal.

Entonces, ¿cuál es la filosofía de la Mamá Quetzal? Es mi teoría de cómo (y por qué) los hijos pueden prosperar y tener éxito en la escuela primaria, la intermedia, la secundaria y la universidad. La filosofía de la Mamá Quetzal hará la diferencia para su hijo/a entre salir desaprobado/a, aprobar con las justas, o lograr el éxito más allá de sus más ambiciosos sueños.

El fundamento de la filosofía de la Mamá Quetzal es la creencia que su hijo/a tiene un propósito mayor en la vida; que está obligado/a a realizar este propósito, y que usted hará todo lo posible para que su hijo logre ese propósito.

Esta teoría es tan sencilla, tan fácil, y tan natural que es posible que usted no se lo crea. Es posible que pregunte, "Si es tan fácil, ¿por qué, entonces, no lo hacen todos los padres?" Yo me hago esa misma pregunta todos los días.

La filosofía de la Mamá Quetzal es relativa – lo cual implica que cada niño latino puede alcanzar lo máximo a un nivel relativo. Si su hijo/a tiene dotes intelectuales, excede el promedio o experimenta dificultades en la escuela, su logro mediante la filosofía de la Mamá Quetzal es relativo al punto de partida respectivo de cada niño/a. Es importante entender bien este concepto porque cada niño/a tiene capacidades diferentes y dotes particulares a él o a ella. Por ende, cada niño latino rendirá resultados diferentes y únicos – cada uno tan maravilloso como los demás.

La filosofía de la Mamá Quetzal es particular a la cultura latina y única entre la filosofía de por qué *deberían* tener éxito nuestros hijos. El factor crítico que diferencia este principio de otras filosofías yace entre la conjugación del condicional "deberían" comparado con la conjugación del indicativo, "debe", que denota obligación. Me permito explicar.

Tomemos en cuenta el libro "El himno de batalla de la madre tigre", libro al que me referí en el capítulo anterior. La filosofía de la Madre Tigre sostiene que es un concepto asiático: uno *debe* ser competitivo; uno *debe* tener éxito a como dé lugar, cueste lo que cueste; uno *debe* ser el primero y rendir más que los pares, etc. Con sólo leer esta breve descripción me siento ansiosa, ¡y yo no soy asiática!

La diferencia entre la filosofía de la Mamá Quetzal y la de la Madre Tigre es que los niños latinos *deberían* desempeñarse hasta donde alcancen sus capacidades y *deberían* esforzarse para llegar a la grandeza, por una serie de razones muy diferentes. La filosofía de la Madre Tigre promueve un mandato con el indicativo "debe", y las razones por esta obligación "deben" encontrarse con el individuo, y el éxito es exclusivo a ese individuo. Por ejemplo, los estudiantes que siguen la filosofía de la Madre Tigre *deben* ser los primeros – no para devolver algo a la humanidad ni para ayudar a otros – sino para llegar a la cima (sea cual sea, esté donde esté) para lograr un estatus importante y el prestigio. Convierte el concepto del reto en un objetivo. Se trata de lo que el individuo gana y el éxito que logra. Ganar, ganar, ganar. Es una victoria del "yo", no es una victoria para "nosotros". Con la filosofía de la Medre Tigre, se trata de lograr el éxito por el simple motivo de la competencia, por el renombre familiar, por el medallón, todo un enfoque al servicio del individuo.

Por otro lado, el condicional del verbo, "debería" presenta la expectativa que guardamos para nuestros hijos latinos. La filosofía de la Mamá Quetzal se fundamenta en creer que los hijos tienen dones y talentos particulares que deberían usarse a favor de mejorar la humanidad. A cualquier niño/a que le digan que sus talentos servirán para ayudar a otros, para lograr alguna innovación en una disciplina, o para cambiar la apariencia, el sentimiento o la mentalidad del mundo, se sentirá lleno/a de poder. Es una perspectiva muy diferente a la de creer que sus dones se usarán para que él sea el primero, para que saque la mejor nota del SAT, o para que saque mejores notas que sus compañeros de clase – por el simple hecho de salir mejor que ellos.

Concuerdo, *de manera muy limitada*, con el estilo de crianza de la Madre Tigre. Concuerdo en que uno debe ser un padre o una madre estricto/a, que hay que impulsar a los hijos a desempeñarse a la altura de sus capacidades, animarlos a esforzarse por hacer "lo mejor" en todo lo que emprenden, y reforzar el principio que los estudios son su prioridad. Un punto interesante: tanto la hija de la Madre Tigre como la hija de la Mamá Quetzal representarán la promoción del 2015 que se gradúa de la Harvard University.

No obstante, por las razones expresadas anteriormente, no concuerdo con la *motivación* que impulsa este tipo de padre o madre. Para mí, la calidad de vida es mayor y da mayor satisfacción al niño criado con la filosofía de la Mamá Quetzal que con la filosofía de la Madre Tigre. Mientras que una niña criada con la filosofía de la Mamá Quetzal se siente potenciada con sus estudios y por sus objetivos en la vida, la niña criada por una Madre Tigre se ve obligada a seguir un camino académico y profesional rígido y predefinido.

El niño criado con la filosofía de la Mamá Quetzal sabe que su camino es honrado y confía en que tendrá éxito. El enfoque del niño no será por "vencer" a nadie, sino su enfoque será presentarse a sí mismo con retos que vencer para cumplir con un cometido personal en la vida. Este niño sabe que está destinado a contribuir a la humanidad de manera profunda y sabe que los altos logros académicos serán de servicio a la comunidad. El enfoque de este niño es sobre un objetivo mayor – y no sobre "vencer" a otra persona.

Al final del camino, los niños criados con la filosofía de la Madre Tigre estarán siempre corriendo detrás de una zanahoria colgante, mientras que los niños criados con la filosofía de la Mamá Quetzal habrán despegado ya, y estarán volando alto.

Gabriella R. Herrera, primera en su promoción
Merrill F. West High School, Tracy, California
Foto de Glenn Moore/Tracy Press 2011

CAPÍTULO 3
Los 10 principios de la Mamá Quetzal

La filosofía de la Mamá Quetzal abarca 10 principios de la Mamá Quetzal. Los 10 principios tienen los siguientes elementos en común. Primero, los 10 corresponden al postulado filosófico general de las expectativas altas. Segundo, todos los 10 deben ser practicados de manera consistente y repetitiva. La presentación sistemática de los mensajes consistentes y repetidos harán la diferencia entre el poco éxito, el éxito marginal, y el gran éxito.

Antes de ponerse a leer los 10 principios de la Mamá Quetzal, recuerde un viejo refrán, "una imagen vale más que mil palabras". Si usted establece expectativas para el comportamiento de sus hijos, pero usted (o su esposo/a) no actúan de manera que den el ejemplo y apoyen tales ideales, está entonces sólo sermoneando. También decimos, "del dicho al hecho, hay mucho trecho". Toda la labor ardua que realiza con la implementación de los 10 principios de la Mamá Quetzal no llegará a nada si sólo expresa verbalmente sus expectativas, pero no modela personalmente el comportamiento.

Tanto mis padres como los de mi esposo sirvieron de voluntarios en sus respectivas comunidades latinas *durante varias décadas*. Nosotros crecimos observando el comportamiento y las acciones de nuestros padres. Naturalmente, ahora mi esposo y yo prestamos nuestro tiempo y nuestro servicio como voluntarios en nuestra comunidad. Este es el trecho que se traza "al hecho". Así como Arturo y yo hemos observado a nuestros padres prestando servicio a sus comunidades, nuestros hijos han crecido viendo que nosotros sacrificamos nuestro tiempo, dinero y energías para ayudar a familias y estudiantes latinos dentro de nuestra comunidad. No es ninguna coincidencia que ahora nuestros hijos están prestando servicio a la comunidad dentro de sus respectivas comunidades universitarias. Para tener éxito con implementar los 10 principios de la Mamá Quetzal, recuerde que hay que recorrer el trecho para llegar al hecho. Los siguientes 10 principios no se organizan según su importancia ni su aplicación. Se puede implementar estos principios de manera individual, o de forma paralela. Algunos padres podrán adoptar uno o dos de los principios que compaginen con su personalidad o su estilo de criar a sus hijos, mientras que otros querrán implementar de lleno los 10 principios.

Principio #1 de la Mamá Quetzal

Usted (el padre o la madre) reconoce y aprecia el poder y la responsabilidad que posee para dirigir el futuro académico de su hijo/a

Lo que usted cree, cuánto participa y las acciones que toma surtirán mayor impacto sobre la vida de su hijo/a que todos los demás estímulos combinados.

La revista *Hispanic Journal of Behavioral Sciences* publicó un estudio, titulado en inglés, *From Barrios to Yale: The Role of Parenting Strategies in Latino Families* (De los barrios a Yale: El rol de las estrategias de crianza en las familias latinas). El autor del estudio es el doctor Ceballo, un profesor de psicología en la University of Michigan, quien examinó el logro académico de los estudiantes latinos inscritos en la Yale University. Una de las principales características que identificó el doctor Ceballo fue *un fuerte compromiso de parte de los padres con la importancia de la educación*. Notó Ceballo, "Todos los estudiantes describieron a sus padres como personas que mantenían un compromiso prácticamente incondicional a la educación". De manera similar, otros investigadores han llegado a esta misma conclusión en cuanto al éxito académico de los latinos: Mientras más participan los padres, más éxito académico tiene el estudiante.

Pausemos un momento para considerar esta conclusión. La responsabilidad de controlar el futuro de sus hijos se enfoca en usted, el padre y/o la madre, y pierden valor los factores que uno no puede controlar (como el sistema escolar, los maestros, las instituciones, etc.). Cuando usted se da cuenta del poder que tiene para controlar el destino de su hijo/a, será para usted una experiencia de liberación. El compromiso que tiene usted como padre o madre afectará directamente a su hijo/a, sus nietos, y sus bisnietos.

Principio # 2 de la Mamá Quetzal

Su hijo/a tiene un propósito mayor en la vida,
el cual ha de realizarse

Hoy, ahora mismo, dígale con claridad a su hijo/a, de manera práctica, que él o ella tiene un don, un propósito, un objetivo o misión mayor, que debe realizar. Esto lo debe repetir usted, y con convencimiento.

Es natural que su hijo/a le pregunte, "¿Esto cómo lo sabes?" Usted debe responder con la mayor veracidad posible. No es tan importante cómo llegó a reconocerlo, sino lo importante es que usted lo crea y que defienda su posición con absoluto convencimiento.

Ahora usted me preguntará a mí, "¿Cómo sabía usted esto?" La respuesta sencilla es que usted esto lo reconoció hace mucho tiempo, pero es posible que no lo haya expresado. Es posible que ni se le ocurrió de manera consciente, pero de alguna manera, ya lo sabe. El hecho que está usted leyendo este libro y que ha llegado a esta parte es una confirmación de su creencia. Puede haber sido algo que usted sintió al estar embarazada con su hijo/a, o un sueño que tuvo, una experiencia religiosa, los elogios constantes de otras personas o el reconocimiento de los talentos que tiene su hijo/a, comentarios de los maestros, o algo que usted percibe en su hijo/a.

Tome el tiempo para visualizar cómo y dónde compartirá esta declaración trascendental con su hijo/a. Como su hijo/a le hará a usted un escrutinio de su credibilidad, entonces tiene que considerar muy en serio cómo le va a presentar el mensaje. Yo le recomendaría ensayar esto con su esposo/a o con un/a amigo/a. Por otro lado, no puede ser una declaración obviamente ensayada o forzada. Debería presentarse de manera natural – como si estuviera diciéndole a su hijo/a que tiene el cabello castaño (como un hecho, algo que simplemente declara). Esto lo repetirá de distintas maneras, a lo largo de la vida de su hijo/a; por ende, no lo dramatice ni lo ensaye mucho. Cuando le sale del corazón, la entrega normalmente resulta perfecta, sin requerir de la práctica. Tendría que ser como si usted tuviera guardado un secreto y acaba de decidir que es el momento preciso para compartirlo con su hijo/a.

Si está leyendo este libro antes que tengan la edad de hablar sus hijos, es lo ideal. De esta manera, su conversación comenzará mucho antes y se volverá parte de la mentalidad de su hijo/a. Si usted está leyendo el libro cuando ya sus hijos tienen más edad, dígales sencillamente que usted ha esperado estratégicamente para entablar esta conversación cuando tuvieran más edad y podían entender su importancia.

Principio # 3 de la Mamá Quetzal

A limpiar la casa, literalmente

La mayoría de los padres se pueden identificar fácilmente con el principio número tres. La mayoría de nosotros estamos empleados en algún tipo de actividad, por ende todos los días trabajamos con varios tipos de personas con diferentes personalidades y disposiciones. En el lugar de empleo de cada uno normalmente hay una persona cuya disposición llamo yo, "Nelly la negativa". El lema de esta persona es: "Nunca va a funcionar". Por alguna razón extraña, encuentran comodidad e identificación con lo negativo. Este tipo de persona siempre sospecha de mí. No pueden identificarse con mi actitud positiva ni con mi perspectiva optimista, entonces somos como el agua y el aceite. Si a Nelly la negativa le llevamos unas galletas dulces recién horneadas, ella nos dirá cuántas calorías contienen. Si le dice que usted quiere enviar a su hija a una universidad de renombre, ella tornará los ojos ante la "carga" financiera que esto supone. Las Mamás Quetzales se mantienen alejadas de las Nelly negativas, y cuidan de proteger a sus hijos de ellas, también.

Si el ámbito de su hijo/a está contaminado de personas negativas y pesimistas quienes no comprenden o no aprecian el concepto de un propósito mayor, ¡deshágase de ellos! El hogar es el santuario de su hijo/a, y es en este espacio donde se realizará casi toda su labor con él o con ella. Este espacio debe estar lleno de estímulos positivos.

Usted no puede controlar el 100 por ciento de los comentarios y sugerencias, ni las observaciones positivas o negativas que encontrará su hijo/a en cualquier día. Lo que sí puede controlar, sin embargo, es lo que se le comunica a su hijo/a dentro de su propio hogar. Que ésta sea su prioridad.

En el ejemplo del lugar de empleo, no tenemos el lujo de controlar los diferentes tipos de personalidad en el recinto. No obstante, usted es quien controla su hogar. Puede crear un entorno con imágenes que fortalecen y refuerzan el destino de su hijo/a.

Como ejemplo de cómo cambiar el entorno, puede decorar las paredes de la recámara de su hijo/a con imágenes que dan fe de su creencia en su propósito mayor. Los afiches que he colgado en las recámaras de mis hijos incluyen imágenes de César Chávez; Che Guevara; Mahatma Ghandi; y Martin Luther King, Jr. Mis tres hijos también han colgado banderolas y otras imágenes de universidades renombradas, así como premios que han ganado comenzando en la primaria hasta la secundaria.

El mensaje visual constante tendría que ser: "Tú puedes; tú deberías hacerlo; ellos lo hicieron". Serán éstas las imágenes que verán al despertarse por la mañana, y las últimas que verán antes de quedarse dormidos.

Hablando de la limpieza de casa, también es importante estar al tanto, observando y supervisando el tipo de estudiante con el que se asocia su hijo/a. Haga caso del dicho: "Dime con quién andas, y te diré quién eres". Rodee a su hijo/a de estudiantes que también han elegido el camino al éxito académico y cuyos padres comparten con usted ideales filosóficos similares.

Con el siguiente paso, nos alejamos de lo filosófico y lo teórico hacia un aspecto de comportamiento del principio de la Mamá Quetzal.

Principio #4 de la Mamá Quetzal

*Actúe de manera que apoye su creencia
en el propósito mayor de su hijo/a*

Usted tiene un hijo o una hija quien contribuirá de manera profunda a la humanidad. Sabiendo esto, usted se verá obligado/a a actuar y a comportarse de cierta forma cuando está delante de su hijo/a. Cuando usted sabe de todo corazón que su hijo está destinado a hacer grandes cosas, usted comenzará a comportarse de manera que apoye esta creencia.

Un ejemplo del comportamiento de manera que apoye esta creencia es el convertirse en el agente de relaciones públicas de su hijo/a, en su experto/a en marketing, y en una figura que le da inspiración. Sí, usted "promoverá" a su hijo/a, porque hay que difundir sus talentos para ofrecer refuerzos visuales y también para dar fe de los talentos especiales de él o ella.

Cuando mis hijos se mostraban con habilidad excelente en un deporte o en un trayecto académico, yo les tomaba una foto digital, le ponía al pie una leyenda, y la enviaba al editor la sección correcta de nuestro periódico local. ¡Esto a las mamás latinas les parece una locura! Nuestra cultura nos ha enseñado que no es correcto presumir, ostentar o ser demasiado agresivos con salir a hacer publicidad de los logros de nuestros hijos.

Tenemos que dejarnos de tonterías. Si usted no aboga por su hijo/a en todos los medios posibles, ¿quién lo hará? ¡Es una maravilla ver la reacción de su hijo o su hija cuando ve el periódico en la mesa con su foto y una nota periodística! Esta es una herramienta gratuita, bastante fácil pero poderosa, que puede usar usted para enfatizar la importancia de su hijo latino. Si no está seguro/a a quién enviar la información, busque por internet su periódico local. La mayoría de los periódicos tienen los nombres y las direcciones electrónicas de los editores de cada sección. Si en su comunidad no hay un periódico local, comuníquese con la Oficina de Educación del Condado (normalmente publican un boletín trimestral), o comuníquese con el periódico de la escuela de su hijo/a.

Otro ejemplo de pasos que tomar para demostrar que usted cree en el propósito mayor de su hijo/a es con participar en actividades que apoyen sus objetivos a largo plazo. Por ejemplo, nuestra familia entera se unió para ayudar a Emilio a prepararse para su primer concurso de deletreo. Nos turnamos practicando con él las palabras, tomándole pruebas, e investigando la etimología de ciertas palabras. Salíamos a caminar, llevando listas de palabras, y pasamos revista a las palabras al caminar. Nuestra participación es un ejemplo de un comportamiento que le enseñó a Emilio que creemos en sus habilidades. Le dijimos a Emilio que el concurso no era necesariamente el objetivo, sino que adquirir experiencia sobre el escenario le prepararía para presentaciones públicas en el futuro. Le explicamos que como un futuro líder, él tendría que acostumbrarse a presentarse en público y sentirse cómodo hablando frente a grandes grupos.

Otro ejemplo podría ser el inscribir a su hijo/a en actividades relacionadas con sus metas educativas o profesionales. Si a Maribel le interesa la biología marina, inscríbala en un campamento de verano que trate temas científicos; o que participe en una feria de temas científicos locales o del condado en el que vive. Además, le puede comprar libros sobre el tema y llevarla a conferencias que ofrezcan biólogos marinos locales (o ver videos en línea).

De manera similar, si a Juan le interesan las ciencias políticas, llévelo al Capitolio del estado, o saque una cita para que conozca en persona a su representante ante el Congreso. Si hay un evento político que se realiza en su región, lleve a Juan a observar el evento en vivo.

Estos son sólo unos pocos ejemplos de cómo el comportamiento de usted puede reforzar su creencia en el propósito mayor de su hijo/a. Lo ideal sería que encuentre ejemplos *latinos* al participar con su hijo/a en este proceso.

Mientras que el principio #3 describe el comportamiento para expresar su creencia en el propósito mayor de su hijo/a, el enfoque del siguiente principio es el lenguaje.

Principio #5 de la Mamá Quetzal

El lenguaje es poderoso

Use un lenguaje que anima, ilumina e inspira a su hijo/a. Mientras que las imágenes visuales y los aspectos del comportamiento son muy importantes al seguir los principios de la Mamá Quetzal, el uso del lenguaje también es una herramienta crítica. En definitiva hay cierta energía que se asocia con las palabras. Para comprender este punto, párese frente a un espejo e intente decir las palabras, "patético" o "traumático". A continuación, diga las palabras, "amor" o "felicidad". La energía que le rodea cambiará, así como cambiarán las expresiones naturales de su rostro cuando pronuncia estas palabras. Tome nota de estas diferencias, y considere el impacto que pueden tener las palabras poderosas y de inspiración en la vida de su hijo/a.

En mi familia, no usamos lenguaje negativo. Nuestros hijos no usan las palabras "no puedo" ni "imposible". De preferencia usamos palabras como "desafío". Esto le puede parecer algo tontito, pero cuando usted cree en el impacto que surte el lenguaje sobre nuestro ámbito, podrá ver que las palabras sencillas pueden ser de inspiración o de vencimiento.

En nuestro hogar, no insultamos ni criticamos negativamente a nuestros hijos. De lo contrario, les indicamos cómo su comportamiento podrá no servirles bien - para dar enfoque en el *comportamiento* y no en un ataque contra la *persona*. Cuando vemos que flaquean en algo, les damos ejemplos de opciones que pueden ayudarles a alcanzar el éxito.

Recuerden, nosotros como adultos tenemos el privilegio y la experiencia de haber sobrevivido los errores que hemos cometido. Usted les puede dar a sus hijos la potestad de cometer errores, pero también hay que ofrecerles opciones para ayudarles a corregir sus errores. Hay que dar un enfoque al comportamiento, y alejarse del lenguaje negativo que los dejará sintiéndose decepcionados y vencidos.

Nosotros criamos a nuestros hijos para que comprendieran que todas las personas son buenas, pero que a veces tomamos decisiones erróneas. A un niño le da un sentido de poder cuando siente que controla su destino, de acuerdo con las acciones que toma. Esta experiencia es completamente diferente de la de decirle a su hijo/a , "Nunca alcanzarás el éxito porque..".

Otro ejemplo del poder que tiene el lenguaje se encuentra en las "etiquetas". Muchas veces, cuando los padres usan lenguaje negativo y críticas, puede volverse repetitivo. Cuando los niños oyen el lenguaje negativo repetidas veces, es posible se desarrolle una etiqueta que se atribuye a su persona (por ejemplo, "ocioso" o "lento"). Cuando los niños oyen a una persona con autoridad describirlos de forma que asigna una etiqueta a su persona, con frecuencia interiorizan estas etiquetas y se desenvuelven a la altura de estas expectativas negativas.

Lo que hay que hacer es usar esta herramienta psicológica para revertir el resultado. Use etiquetas positivas para identificar a su hijo/a, como "inteligente", "brillante", "curioso" o "científico". Si usa estas palabras repetidamente, su hijo/a comenzará a comportarse de manera consistente con estas etiquetas. Recuerde, el fundamento de la filosofía de la Mamá Quetzal son las expectativas altas. Use palabras que enfatizan las altas expectativas que tiene usted.

Además de usar el lenguaje positivo en vez del negativo, considere cómo los componentes gramaticales de la lengua también repercuten el éxito futuro de su hijo/a. Hable desde una posición de absoluta expectativa. Elimine el "si" para reemplazarlo con "cuando". Por ejemplo, "Cuando comiences tu primer año de universidad, lo probable es que vivirás en la universidad".

La conjunción, "cuando" indica un lugar y un tiempo específicos, e indica una expectativa absoluta. Su hijo/a llegará a considerar su expectativa alta (por usar el término "cuando") como una parte normal y natural de su vida. Sea de manera consciente o subconsciente, su hijo/a seguirá el camino de lo que se espera de él o de ella.

Por otro lado, cuando oímos la conjunción "si", automáticamente indica la existencia de una duda y/o la posibilidad del fracaso. Note cómo una parte sencilla de nuestro lenguaje puede tener un impacto importante sobre la manera en que su hijo/a se percibe a sí mismo/a. Considere las palabras del Presidente Barack Obama:

"Si abandonas la escuela,
no sólo te abandonas a ti mismo,
también abandonas tu país".

Este es un ejemplo de la conjunción "si", que supone que el fracaso es una posibilidad. De lo contrario, al reemplazar el "si" con "cuando", se crea la siguiente frase *positiva*:

Cuando ganas en la escuela,
es una victoria para nuestro país.

Este ejemplo nos muestra cómo una sola palabra cambia por completo el impacto que surte el mensaje. Un ejemplo más práctico surge cuando presento talleres para estudiantes sobre los ensayos personales para admisión a la universidad y para solicitar becas para asistir a la universidad. Les pido a los estudiantes que reemplacen una serie de frases comunes con frases ideales:

Yo espero . . .	Yo haré
Creo que podría . . .	Pienso hacer
Me gustaría . . .	Yo voy a

El siguiente componente forma parte de la filosofía de Mamá Quetzal porque tiene que ver con nuestra cultura. Este componente podrá requerir que usted, el padre o la madre, haga un poco de tarea.

Principio #6 de la Mamá Quetzal

Autenticar y valorar la identidad latina de su hijo/a

Usted tiene la responsabilidad de educar a su hijo/a en cuanto a nuestra orgullosa herencia y por qué nuestra herencia tiene valor.

Como dijo el sabio de César Chávez: "Tenemos que ayudar a los estudiantes y a sus padres a apreciar y a conservar la diversidad étnica y cultural que nutre y fortalece esta comunidad - y esta nación".

Cuando digo que hay que educar a nuestros hijos referente a nuestra etnia, no quiero decir que hagamos enchiladas de cena ni que les enseñemos el alfabeto en español (aunque sí es bueno hacerlo). A lo que me refiero con "autenticar y valorar la identidad latina de su hijo/a", es a un proceso de aculturación que comienza en el hogar. Este proceso de aculturación pretende ayudar a su hijo/a a sentir orgullo por ser latino. Este proceso tendría que incluir conversaciones sobre nuestras figuras históricas y culturales, la política, el exponer a sus hijos a libros sobre los latinos, y la celebración y la educación sobre nuestras tradiciones en particular. En resumidas cuentas, ¡enseñar a los hijos a sentir el orgullo de ser latinos!

Siempre supe que había una correlación directa entre los estudiantes latinos que sienten orgullo de su herencia y su éxito académico. Este fenómeno lo he presenciado en eventos que celebran los logros académicos, como la "graduación latina" o eventos de premios, becas y reconocimiento latinos. No fue sino hasta escribir este libro que encontré investigaciones válidas para fundamentar lo que había presenciado. La investigación indica que existe una correlación directa entre los estudiantes latinos con el nivel más alto de identidad cultural positiva y el éxito académico.

19

Por ejemplo, un estudio realizado por los investigadores de la Yale University y la University of Colorado, con el título, "*Identity, Belonging, and Achievement* (Identidad, sentido de pertenencia y logros académicos), determinó lo siguiente: "...el grupo familiar, racial o étnico, y la afiliación religiosa, pueden ser fuentes importantes del autoestima y el sentimiento de pertenencia social y por ende proporcionan motivaciones importantes para el logro".

En vez de citar a varios estudios, usted debería saber que, por lo general, los investigadores han encontrado que la identidad latina positiva se asocia con mayores logros académicos, mayor autoestima, flexibilidad y mayores índices de graduación de la universidad.

Aquí presento un ejemplo de mis propias observaciones que indica la conexión entre el orgullo étnico y el éxito académico. Recientemente asistí a la ceremonia de graduación latina en el Centro Cívico de Stockton. A pesar que la mayoría de los distritos escolares de nuestro condado representa un número importante de estudiantes latinos (como promedio, una representación del 50 por ciento), ese día entre el público había sólo un pequeño porcentaje de aquellos estudiantes. Al procesar cada escuela por el auditorio, había tan solo de 10 a 30 estudiantes en representación de cada institución de secundaria.

Aunque esta ocasión era alegre y a nosotros nos daba gusto ver a nuestros dos hijos latinos procesar con orgullo, representando a su escuela, nos dio tristeza no ver mayores números de estudiantes orgullosos. No obstante, al anunciar su promedio de notas y sus planes para el futuro, todos estos estudiantes tenían promedios altos y habían sido admitidos a universidades competitivas por todo Estados Unidos.

El que cada uno de estos estudiantes tuviera un trayecto exitoso me indica a mí que tengo razón de creer que existe una conexión entre el orgullo en la etnia y el éxito académico. Yo sabía que entre el público había centenares de Mamás Quetzales.

Desafortunadamente, en nuestra sociedad, a los latinos (y en particular a los mexicano americanos) se nos ha enseñado de manera directa e indirecta, que no se nos aprecia como se aprecia a otros grupos étnicos. A pesar de ser casi el 40 por ciento de la población del estado de California, rara vez aparecemos con imágenes positivas en los medios de comunicación (salen la prostituta, el pandillero o el criminal), no tenemos paridad de representación en el mundo académico (ni en los campos de las ciencias, tecnología, ingeniería y matemáticas - STEM por sus siglas en inglés), y nuestros hijos van abandonando la escuela a un ritmo que da pavor.

Lo que acabo de poner no es ninguna noticia para los padres latinos. Este punto lo enfatizo para recalcar la importancia de elevar la percepción que tiene su hijo/a de sí mismo/a, para contrarrestar el flujo constante de información negativa que invade el salón de clase, el campo de juegos y los medios de comunicación.

En vez de intentar sin éxito adaptarnos y asimilarnos a la cultura dominante, creyendo, ingenuos, que de alguna manera ayudará a nuestros hijos a tener éxito, debemos sentir orgullo de lo que somos y lo que podemos contribuir a este gran país. Después de todo, ¿no es éste uno de los principios que llevó a este país a ser el mejor lugar del mundo?

Entonces, ¿qué podemos hacer para inculcar en nuestros hijos el orgullo de ser latinos? Primero, hay que conocer el origen de nuestra cultura. Malcolm X fue quien lo dijo mejor: "No importa lo que vayas a hacer, hay que tener un conocimiento de la historia; para lograr el éxito en cualquier cosa que hagas, tienes que tener un conocimiento de la historia".

Como latinos, tenemos una historia espectacular. Por desgracia, a nuestros hijos no les hablan de nuestra historia en las escuelas ni en los medios. Por ende, es la responsabilidad de usted educar a su hijo/a sobre nuestra rica historia. Es posible que muchos de los que leen esto tampoco tienen mucho conocimiento de nuestra historia. La culpa no la tienen ellos. Puede que hayan sido criados en el mismo ambiente que muchos otros latinos, en el que ha estado ausente esta parte de nuestra cultura. Si usted no ha sido expuesto/a a nuestra historia, hay mucho que puede hacer. Lo ideal sería que hiciera estas actividades con sus hijos para que aprendan junto con usted. No es una tarea difícil, y disfrutarán aprendiendo. Puede también ser una actividad muy poco costosa, hasta gratuita.

Comience con investigar la historia precolombina en las Américas -- sea la historia maya, azteca o de cualquier otro grupo indígena con el que siente usted afinidad. No es importante cuál de las naciones o culturas indígenas se estudie, con tal de promover el mensaje que partimos de civilizaciones con conocimientos y recursos avanzados mucho antes que pusieran pie en su territorio los europeos.

Por ejemplo, nuestra hija, quien piensa ser neurocirujana, quedó encantada de aprender que nuestros ancestros precolombinos realizaron una forma de cirugía cerebral (llamada trepanación) hace casi 3.000 años atrás. Se encontró evidencia de esto en sitios arqueológicos donde se descubrieron cráneos con indicaciones de cirugías que se habían curado y se había fusionado el cráneo. Esto significa que se había taladrado un hoyo en el cerebro, y que el paciente hubiera sobrevivido suficiente tiempo como para que el cráneo volviera a generarse y quedar fusionado. Se puede encontrar otras evidencias relevantes para mostrarles a sus hijos lo avanzadas que fueron nuestras civilizaciones antes que llegaran los colonizadores europeos.

Además del esquema histórico de sus orígenes culturales, usted también debe tener conocimiento de sus antepasados en particular. Es una experiencia particularmente poderosa enseñarles a sus hijos de dónde vinieron y cómo llegaron aquí.

Uno de mis pasatiempos es la genealogía. He podido trazar mis orígenes ancestrales de lado de padre y madre, remontando varios siglos, y he compartido esta información con mis hijos. Si usted se entabla un reto personal con esta emocionante investigación genealógica, sin duda descubrirá fascinantes datos históricos de su familia. Además de aprender sobre el camino migratorio de sus ancestros, pronto se dará cuenta y apreciará los obstáculos y las dificultades que pasaron sus ancestros y que dieron como resultado su posición y la de sus hijos hoy en día (literal y figurativamente).

Mediante el proceso de exponer a su hijo/a a nuestra historia, cultura, artes y ascendencia, es posible que usted empiece a sentirse algo descompuesto/a. Lo que ocurre es que usted está rectificando una construcción histórica que penetra la cultura de los Estados Unidos (y que, de manera inconsciente, posiblemente penetre la cultura de su propia familia). La obra que emprenderá con volver a educar a sus hijos retará lo que usted ha aprendido en la escuela y lo que hoy a sus hijos se les está enseñando. Al descubrir los fascinantes logros y habilidades de nuestros pueblos, usted se sentirá confundido/a. Se preguntará: ¿por qué, con todo lo que voy descubriendo, nunca antes aprendí esto? Y cuestionará: ¿por qué a mis hijos no les enseñan esta información en la escuela?

Anime a sus hijos a compartir la información que han descubierto recientemente con sus maestros -- como una forma de instruir a sus compañeros de clase, así como para rectificar lo que no es un hecho histórico.

Por ejemplo, cuando nuestro hijo Emilio tenía ocho años, aprendía sobre los "pioneros" en California (como parte de la norma de contenido educativo de California "Historia-Ciencias Sociales"). Corrigió a su maestra con citar los nombres de las tribus indígenas que ya vivían en la localidad antes de la llegada de los "pioneros". Cuando llegó el momento de construir una cabaña de leña como proyecto de clase, él construyó un tipi (con un cultivo de calabazas y maíz) junto a la cabaña para rendir tributo a los pueblos indígenas de los que había aprendido con su propia investigación.

Además de su contribución a la educación de su maestra sobre los hechos de la historia de California, Emilio optó por seguir el ejemplo de su hermano, Carlos, y se vistió de indígena la semana en que sus compañeros de clase se vistieron de "pioneros". El fue el único estudiante en su escuela que se vistiera de indígena, pero lo hizo con orgullo. Su traje representaba su homenaje simbólico a todas las personas indígenas que han sido olvidadas, y también sirvió como un proyecto de clase ambulante, por decirlo así.

En el cuarto grado, Emilio tenía que completar un proyecto sobre las misiones en California. En vez de escribir un reportaje sobre cómo los buenos padres españoles habían iluminado "a los indios salvajes", él le pidió a su hermano mayor que le ayudara a completar un filme sobre los indios chumash. En el vídeo filmado, Emilio se dirigió a la manera en que los indios chumash se rebelaron contra el severo maltrato de los sacerdotes. Subió el vídeo a YouTube.

Emilio Ocampo, de ocho años, Hirsch Elementary.

Instruyendo a su maestra y a los compañeros sobre la contribución de los indígenas norteamericanos

Carlos Ocampo,
cuarto grado,
de ocho años
Representando a un
jefe de tribu como
parte de los "días de
los pioneros"

Principio #7 de la Mamá Quetzal

El enfoque en las actividades que no son académicas

Exponga a su hijo/a a las artes. Su hijo/a, desde la infancia, debería estar constantemente expuesto/a a los bellos sonidos de la música, las artes visuales, los textiles, y hasta el arte con alimentos. Usted querrá que su hijo/a tenga experiencia con todo lo que hay en nuestro pequeño mundo, y no sólo con el ir y venir cotidiano de nuestras vidas en la escuela y en casa. El tener experiencia con las artes es en verdad una experiencia de viajes. ¡Y es una experiencia de viajes que no costará un centavo! Por fortuna, con el internet y las bibliotecas públicas, usted puede exponer a su hijo/a a obras de arte, a los sonidos de los músicos del jazz, y a la lectura de las biografías de las personas famosas que han contribuido a las artes.

Por ejemplo, conozca a la muralista talentosa, Judith Francisca Baca, con visitar su sitio web o muestre a sus hijos ejemplos de los tres grandes muralistas (Diego Rivera, José Orozco, y David Siqueiros). Si escribe por Google, "escultores mexicanos", encontrará como mínimo una lista de 100 artistas.

Cada vez que vean una obra en particular, debe usted aprovecharlo como una experiencia de aprendizaje cultural e histórico. Sus hijos no sólo tendrán una mayor comprensión de su cultura, sino que también poseerán conocimientos que la mayoría de los estudiantes no ha tenido el privilegio de adquirir.

Para identificar a los famosos compositores latinos, siéntese con su hijo mientras escriben juntos por Google el nombre de algunos de estos famosos compositores mexicanos. Escuchen un ejemplo de las increíbles obras de Daniel Catán, Agustín Lara, Carlos Chávez, Gabriela Ortiz, Manuel Ponce o Silvestre Revueltas.

Como los latinos también tienen dotes en las artes literarias, usted tendrá un sinfín de obras escritas que escoger para su hijo/a. Visiten la biblioteca local y saquen unos de los libros de Gabriel García Márquez, Isabel Allende, Víctor Villaseñor o la poesía de Pablo Neruda. Estos sólo son unos cuantos. Si escribe por Google los nombres de autores latinos famosos, podrá ver los títulos que han escrito y considerar su particular estilo de redacción.

Si desea probar de una manera más pasiva de disfrutar las artes latinas, ¿por qué no alquilar una película de un cineasta latino clásico o contemporáneo?

El descubrimiento de las artes puede durar toda una vida, y debe ser una actividad compartida entre toda la familia.

Un subconjunto de este principio de exponer a su hijo/a a las artes es que comience con el aprendizaje de la música tan pronto como sea posible. El saber leer y tocar la música, así como escucharla, es fundamental al crecimiento académico de su hijo/a, en particular porque realza sus habilidades en las matemáticas.

No es necesario que comprendamos la complejidad de cuerpo calloso ni el lóbulo occipital para comprender este concepto. Todos hemos oído del "efecto Mozart" -- la investigación que sugiere que el exponer a su hijo/a a la música clásica antes de los siete años de edad repercute en el rendimiento matemático del mismo. Esta investigación sugiere que el tono, el ritmo y las composiciones musicales de naturaleza sucesivas ayudan a su hijo/a con las habilidades matemáticas. La teoría indica que la música clásica enfoca un área específica del cerebro que estimula el razonamiento temporal (que es útil para las funciones matemáticas).

No es suficiente escuchar la música clásica. Su hijo/a debería comenzar con aprender a tocar la música lo más joven posible. La capacitación musical es una función altamente compleja que requiere que el cerebro procese el sonido (el lóbulo temporal), que imite el sonido mediante una expresión manual (corteza parietal posterior), y que procese el estímulo visual (la partitura) mediante el lóbulo occipital. Los tres hijos nuestros leen música y tocan instrumentos musicales. Emilio toca el piano y el xilófono; Gabi toca el violín y el violonchelo; y Carlos toca la batería.

Si a usted no le parece del todo cierto lo de la correlación entre la capacitación musical y el logro académico, le animo a identificar hallazgos de la investigación sobre el tema que hayan sido realizados por eminentes neurobiólogos. Mejor aun, asista al festival de música anual de su distrito (si existe). Si no, visite la orquesta juvenil de una ciudad cercana. Hable con los padres de estos músicos, y pregúnteles sobre los antecedentes académicos de sus hijos. Los estudiantes suelen estar en el mayor 10 por ciento de su escuela y estar extremadamente motivados a salir bien académicamente. ¿Cuál es, la gallina o el huevo? ¿Tendieron estos estudiantes hacia la música porque así está conformado su cerebro? O, ¿se desarrolló diferente su cerebro porque estuvieron expuestos a la música? Yo no lo sé, ¡pero mi hijo Emilio seguirá con las lecciones de piano lo más que pueda!

Con el fin de exponer a sus hijos a varias formas musicales, anímelos a escuchar los corridos. Nuestra historia latina tiene un tesoro de corridos – que son canciones narrativas poderosas que representan la historia social y política de los latinos.

Principio # 8 de la Mamá Quetzal

Establecer ritos, tradiciones y celebraciones
particulares a su familia

No es necesario que usted siga la psicología transcendental para creer en el poder de los ritos. Si entrevistara al líder de cualquier equipo exitoso – sea el director técnico de la Liga Nacional de Football (NFL por sus siglas en inglés), el director ejecutivo principal de una empresa de las Fortune 100, o el presidente de los Estados Unidos – usted aprendería que los ritos son una de las tácticas más eficaces de motivación que emplea cada uno de ellos. Cada sociedad, desde las más antiguas hasta la sociedad de hoy, ha creado ritos de algún tipo.

En el ejemplo de la NFL, un rito puede ser un momento de reflexión antes de comenzar el partido. En el ejemplo de director ejecutivo principal, un rito puede ser una ceremonia realizada antes de lanzar un producto. En el ejemplo del presidente, un rito puede ser el Discurso sobre el Estado de la Nación. Todos estos ejemplos ilustran la manera en que los seres humanos tenemos la necesidad de formar una unidad espiritual, de adentrarnos en un momento de contemplación, y de compartir nuestras energías positivas colectivas enfocadas en una meta en particular.

El rito es una herramienta eficaz de reforzamiento y de motivación porque nos permite entrar en un espacio de meditación y enfocar nuestra energía positiva en una meta en particular.

Nosotros creamos nuestro rito familiar cuando el jefe mayor de una tribu nos presentó un regalo, hecho de pasto dulce trenzado. El pasto se recogió y se trenzó durante una ceremonia indígena en Dakota del Sur en la primavera del año 2005. El pasto dulce es especial porque fue presentado a mi esposo para ayudar en sus plegarias al Creador cuando a mí me estaban tratando un cáncer. En familia nos paramos en un círculo de oración, prendimos el cabo del pasto dulce trenzado, nos tomamos las manos, y oramos en silencio por mi recuperación. Felizmente, he estado en remisión durante más de nueve años. Por cierto, cuando Carlos y Gabi salieron de casa para asistir a la universidad, para cada uno Arturo cortó un pedazo del mismo pasto dulce trenzado y a manera de ceremonia, lo colocó en una pequeña caja de madera. Nuestros hijos guardan su caja en sus habitaciones en las residencias universitarias para continuar el rito lejos de casa.

En nuestra familia, el rito es sencillo. Cuando nuestros hijos se acercan al final de una meta en particular, se une la familia entera en un círculo de oración. Juntos, de pie, nos enfocamos en silencio en nuestra meta. Esto lo hemos realizado para cada paso que han tomado nuestros hijos en su trayecto académico. Cada vez que nuestros hijos entregaban sus solicitudes a las universidades, nos reuníamos junto a la computadora antes de pulsar "entregar" y rezamos juntos.

Un rito puede tomar muchas formas. Por ejemplo, durante los años de educación primaria y secundaria de mis hijos, yo decía estas seis palabras al entrar al óvalo de la escuela para dejarlos cada mañana: *"Show'em what you're made of"* (Enséñales de que material estás hecho/a).

No pronunciaba estas palabras rituales de manera seria, y no se las decía a cada uno por separado. No obstante, las palabras son una declaración poderosa, porque fueron las últimas palabras de consejo que recibían antes de comenzar su día escolar. Con esa sencilla declaración, yo les reafirmaba que son individuos talentosos, inteligentes y poderosos. El deber de ellos es de asegurar que viven a la altura de sus habilidades.

El rito por el que decida usted puede ser lo que desee, con tal de que sea auténtico y tenga sentido para su familia. Usted debe comprometerse con llevar a cabo su rito familiar de manera consistente.

Principio #9 de la Mamá Quetzal

*Ayudar a su hijo a desarrollar una mentalidad positiva
y estrategias de afirmación personal*

Hasta aquí, la mayor parte de los principios de la Mamá Quetzal los implementa exclusivamente el padre o la madre. El principio #9 es diferente porque requiere la participación de su(s) hijo(s).

Una mentalidad positiva y la afirmación personal son dos conceptos independientes, pero los he juntado porque van de la mano. Hablaré de cada uno por separado para que usted pueda apreciar el valor particular de cada uno.

Una mentalidad positiva. A diferencia de otras cosas tangibles que podemos ver, oír o tocar, una mentalidad positiva requiere de la fe y la fuerza de voluntad. Cuando le pregunté al renombrado cirujano del cerebro, el doctor Alfredo Quiñones-Hinojosa, referente a su opinión del impacto que puede tener una mentalidad positiva sobre el cambio, me respondió, "Si eres capaz de creer lo que está más allá de lo que perciben tus ojos y disfrutas del palpitar de tu corazón contra el pecho cual martillo neumático a raíz de las emociones que sientes en un sueño, entonces ¡en definitiva tu cerebro puede lograrlo!"

Una de las estrategias más poderosas en la vida es la de tener una mentalidad positiva. La implementación de las técnicas de pensamientos positivos, afirmaciones personales y visualizaciones puede ser clave al éxito en las metas de la vida. Suena artificioso, yo lo sé. Pero antes de desechar este concepto importante, le reto a que intente las técnicas que se esbozan en este capítulo. Observe el tipo de resultado que se presenta. Mi familia ha venido practicando estas técnicas durante dos generaciones con unos resultados increíbles. Son gratis y no requieren ningún esfuerzo estas técnicas, pero producen resultados asombrosos.

Desde que fueron muy chiquitos nuestros hijos, hablamos con cada uno sobre el uso de su arma más poderosa: su mente. Nuestros hijos han crecido respetando y valorando cómo una mentalidad positiva les puede ayudar en todo lo que emprenden. Cuando uno se enfoca en la energía positiva, las oportunidades positivas, y los resultados positivos, es una manera muy poderosa de controlar nuestras respuestas ante los eventos que nos presenta la vida. Cuando optamos por enfocarnos en la energía positiva y los resultados positivos, ejercemos control sobre las situaciones en nuestra vida. Esto es mucho más poderoso que aceptar lo que se nos presenta a diario, los resultados negativos, o lo que el destino nos depara.

Una mentalidad positiva no se logra de la noche a la mañana. El desarrollo de una mentalidad positiva es un proceso fluido que requiere hacer ejercicios continuos. El ayudar a su hijo a desarrollar una mentalidad positiva es, en verdad, un proceso que dura toda una vida. Comienza en el momento en que su hijo/a puede percibir la energía de usted, y continúa durante sus años formativos, la secundaria, la universidad y más allá. Una mentalidad positiva es como un árbol: se cultiva, se arraiga, y con el tiempo, brota.

Es mucho más fácil entregarse a la mentalidad negativa, ¡porque requiere mucho menos trabajo! Con la mentalidad negativa, se les echa la culpa a los demás, se rechaza la responsabilidad personal, y se concede el poder al "destino". Los que son de mentalidad negativa no deducen ninguna responsabilidad por la situación en la que se encuentran, ni por la situación en la que se encuentran sus hijos. No creen poder surtir un impacto positivo para lograr cambios en su vida, entonces se niegan a aceptar la posibilidad de poder surtir un impacto positivo para lograr cambios en la vida de sus hijos.

Los que tienen una mentalidad positiva, sin embargo, se hacen cargo de la situación en la que se encuentran. Se dirigen a la manera en que pueden surtir un impacto positivo en su situación, y cómo pueden cambiar la situación de sus hijos. Haga seguimiento del presente principio para ayudar a su hijo/a a desarrollar y a mantener una mentalidad positiva. Al hacer esto, él o ella desarrollará nuevos patrones de pensamiento y nuevas maneras de percibir las experiencias en la vida. Con el tiempo, su hijo/a tendrá una visión de sí mismo/a como futuro académico.

La afirmación personal. El Oxford Dictionary define la afirmación personal como, "El reconocimiento y la aseveración de la existencia y el valor del yo como individuo". Estas son palabras mayores para decir, tal como nos percibimos, así somos.

Los ejercicios de la afirmación personal se pueden llevar a cabo cada día, una vez por semana, o una vez al mes. La clave es hacerlos parte de la rutina de su hijo/a y asegurarse que su hijo/a participa de lleno en los ejercicios. Aunque usted podrá ayudarle a diseñar y podrá supervisar los ejercicios de afirmación personal, su hijo/a los hará independientemente.

La afirmación personal, en lo que se refiere a los estudiantes subrepresentados, es una teoría psicológica presentada formalmente por el doctor Claude Steele, cuando ejercía en la Stanford University en el año 1988. El doctor Steele es el decano de Educación en la Stanford University y sirvió anteriormente de vicepresidente académico en la Columbia University y como catedrático de psicología. La teoría del doctor Steele es que las personas están motivadas a mantener la integridad del yo, e inventó el término, "la amenaza del estereotipo". En resumen, el doctor Steele teoriza que cuando se adhiere nuestra identidad social a un estereotipo negativo, solemos rendir menos y mantenernos al nivel de aquel estereotipo. Su teoría es de particular importancia para los latinos por los estereotipos negativos que históricamente se han adherido a nuestro grupo étnico.

El doctor Steele y su equipo realizaron numerosos estudios en los que los estudiantes fueron expuestos a una imagen o a una clave verbal referente a un estereotipo negativo relativo a su grupo social, antes de completar un examen o realizar otro evento que exige rendimiento. Cuando se les recuerda a los estudiantes del estereotipo negativo antes del evento, suelen rendir a la altura normativa del estereotipo. Por ejemplo, si se les recuerda que los estudiantes latinos o africano americanos no tienen tan buen rendimiento como los estudiantes asiáticos o blancos en cuanto al examen SAT (antes de sentarse a tomar tal examen), estos estudiantes mostrarán un rendimiento bajo, tal como indica el estereotipo.

Usted puede combatir el concepto de "la amenaza del estereotipo" con revertir la sugerencia negativa con una sugerencia positiva. Por ejemplo, pídale a su hijo/a que comience con una aseveración diaria de afirmación personal. Su hijo/a puede decir, "Hoy, saldré excepcionalmente bien en la clase de ciencias". O, "Me sacaré un 100 en mi examen de matemáticas el miércoles".

El punto es de especificar algo en particular. Se puede tener en mente la imagen positiva, y pronunciarla en voz alta o escribirla en una hoja. La combinación de los tres métodos, realizados en diferentes momentos, también será muy eficaz.

Un hecho que da asombro es que nuestra mente subconsciente no sabe si la imagen que creamos es de verdad o si es imaginada. Para entender a lo que me refiero, intente hacer el ejercicio a continuación. Imagínese un paisaje con rayos de sol resplandecientes sobre un lago. Inmediatamente su mente se acordará y creará un sentido calmado y feliz en su ser físico. Su mente subconsciente no sabe que usted sólo se está imaginando esta imagen. Responderá como si estuviera físicamente frente al lago. Ahora, use este mismo concepto para ayudar a sus hijos a visualizar su futuro éxito académico. Pídale a su hijo/a que visualice su nombre sobre una carta de admisión a la Yale University. Que su hijo/a cree una imagen mental de las palabras, "Bienvenido/a a la Clase del 2020" en la carta. O, pídale que se imagine letras doradas en itálica y de relieve sobre un diploma enmarcado de la universidad con la que sueña. Este tipo de sugerencia positiva, repetida con frecuencia, le sugiere a nuestro subconsciente la realidad de un evento en el futuro.

Yo he practicado esta actividad para todo, desde la visualización de mi propia graduación de la universidad, mi boda, el nacimiento de mis hijos, y la admisión de mis hijos a la universidad que más querían. Cuando visualizaba todos estos eventos, podía ver con lujo de detalles todo. Sentía emociones de alegría. Cada uno de estos eventos se hizo realidad precisamente como lo imaginé. ¡Mi subconsciente nunca pudo distinguir entre imaginación y realidad!

En un estudio realizado en conjunto por la Yale University y la University of Colorado (Geoffrey Cohen y Julio García), titulado, *Recursive Processes in Self Affirmation: Intervening to Close the Minority Achievement Gap* (Procesos recursivos de afirmación personal: La intervención para cerrar la brecha en logro académico de las minorías), a los estudiantes de color se les instruía escribir una aseveración de afirmación personal sobre una hoja de papel. Se realizó este ejercicio durante una clase, como una asignación de redacción del profesor, y se repitió por todo el año académico. Al final de dos años, lo que resultó fue un incremento en el promedio de notas de los estudiantes, además de otros resultados positivos a largo plazo.

El estudio de Cohen y García muestra cómo algo tan sencillo y de tan poco esfuerzo como la escritura de una aseveración de afirmación personal sobre una hoja de papel puede llevar a tremendos resultados. Esta estrategia la uso yo con los estudiantes de mi programa, *Mamá Quetzal Scholars*. Al comienzo de cada una de nuestras sesiones de preparación, le pido a cada estudiante que escriba una de afirmación sobre una hoja de papel. Esto lo hago adrede, al comienzo de nuestra sesión, para que puedan acceder al poder de su mente subconsciente.

Nuestra mente es el arma más poderosa que tenemos, y la que nos ayudará a alcanzar resultados positivos, cambiar nuestra actitud, y cambiar cómo respondemos ante los eventos de la vida. Preste atención a sus pensamientos, a lo que dice, y a las imágenes y palabras que permite usted prevalecer dentro del mundo de su hijo/a.

Principio #10 de la Mamá Quetzal

Ser grande y hacerse cargo

Usted es el padre o la madre, y usted tiene el control. Asuma su posición de control, y no creará ni una diva ni un malcriado.

Existe una suposición común que dice que las altas expectativas crearán hijos que son unos tiranos engreídos, arrogantes y presumidos. Este puede ser el caso de los padres que elogian a sus hijos sin asumir una posición de autoridad.

Dejé para el final este principio porque es un punto crítico. Como hijos de una mamá psicóloga clínica, mis hermanos y yo aprendimos cómo se influencia el desarrollo del niño de acuerdo al estilo de crianza que tienen los padres. Como madre, yo aprendí rápidamente que los diferentes estilos de crianza rinden resultados diferentes. Para comprender cómo el estilo de crianza afecta el comportamiento de su hijo/a, vamos a mirar los estilos fundamentales de crianza de niños.

Me gustaría agregar una palabra de precaución antes de comenzar a revisar los diferentes estilos de crianza de niños. Cuando me dirijo a temas de complejidad, no creo en las generalidades ni en la simplificación. Las generalidades son precisamente eso – teorías de guía generales para explicar un comportamiento o una acción en particular. Cuando se trata de la crianza de niños, hay muchos factores que afectan la forma en que crece el niño o la niña, y por qué se comporta de ciertas maneras. El desarrollo infantil es un proceso complejo que debe considerar el entorno, la genética, el estilo de crianza, la situación social y económica, los recursos académicos, y un sinfín de otros factores indirectos. Además de los estilos de crianza de niños, también existen otros factores del comportamiento que emplean los padres y que también repercuten en el futuro de sus hijos.

Habiendo dicho esto, le pido que considere las siguientes hipótesis referentes a la crianza de niños. Según los más renombrados psicólogos, existen cuatro (4) tipos de estilo de crianza de niños.

La crianza autoritaria: Este estilo establece reglas estrictas. El no seguir estas reglas resulta en severos castigos. Me refiero a este estilo como el de, "porque lo digo yo", por lo que el padre o la madre exigente hace cumplir las reglas estrictas sin explicar ni la razón ni el razonamiento tras las reglas. Estos padres dan órdenes; sus hijos deben obedecer a ciegas su mandato sin cuestionarlo. Es comprensible que los niños sean dedicados a la realización de tareas y obedientes; pero típicamente queda comprometido su autoestima.

La crianza con autoridad: No se confunda este estilo con la crianza "autoritaria". Este estilo de crianza establece la estructura y los parámetros del comportamiento de los niños, pero tiene un enfoque democrático. Los padres establecen con claridad y definición los límites, las normas y las expectativas, pero también están dispuestos a escuchar las inquietudes y las preguntas que tengan sus hijos. Como se esperaría, los niños criados por un padre con autoridad suelen ser felices, capaces y exitosos en la vida.

La crianza permisiva: Los padres que siguen este estilo de crianza establecen expectativas y limitaciones muy bajas para sus hijos. Estos padres consienten a sus hijos, no son exigentes, y son extremadamente indulgentes. Este estilo se atribuye a los padres que dicen, "Soy más amigo que padre con mis hijos". Esta madre no quiere que su hijo/a se enoje, entonces él o ella tiende a dominar en casa.

La crianza enajenada o negligente: Estos padres están enajenados o son negligentes, tal como dice el título. Si bien podrán atender las necesidades más básicas del niño (casa, alimento, ropa), este padre o esta madre no se involucra con las necesidades emocionales y psicológicas del niño o la niña. Es obvio que lo más probable es que estos niños tengan problemas de autoestima, autocontrol y competencia en general.

De estos cuatro estilos de crianza de niños, el estilo de la crianza permisiva es el que más me preocupa a mí, en lo que se relaciona al éxito académico de nuestros hijos. El padre enajenado/negligente no estará leyendo este libro. No obstante, el padre permisivo bien podrá estar leyéndolo. Este estilo de crianza con frecuencia lo implementan los padres muy cariñosos que se sienten confundidos y en conflicto con el ejercicio de autoridad sobre sus hijos. La madre permisiva quiere que estén contentos sus hijos, entonces siente que la mejor manera de asegurar su felicidad es consintiéndolos siempre. Estos son los padres a los que uno oye decir que quieren ser "el mejor amigo" de su hijo.

Los estudios indican que el estilo permisivo de crianza termina con niños que no son felices, que tienen problemas con reglamentarse a sí mismos y con la autoridad, y suelen salir muy mal en la escuela.

Desde mis propias observaciones, los niños en verdad prosperan mucho en un ambiente estructurado. En realidad, anhelan esta estructura. En lo que van formando su identidad, van dependiendo de una fundación estructurada de la que pueden confiar y que les aporta afecto. No obstante, una fundación demasiado estructurada y exigente puede llevar al estilo autoritario de crianza.

Es necesario que usted establezca control y que mantenga consistentemente su presencia de autoridad. No quiero sugerir que se convierta en tirano/a, sino que su predominio orientará a su hijo/a de la manera más profunda. Nuestros hijos pueden depender de nuestra presencia predominante y tener fe en nuestra orientación. Su posición ha de ser inamovible. Si usted demuestra ambivalencia o indiferencia, su hijo/a lo percibirá.

Como padres, Arturo y yo usamos la crianza de autoridad con nuestros tres hijos. Nos referimos a nuestro estilo como el de "ser grande y hacerse cargo". Somos padres estrictos. Nuestros hijos se lo dirán, y también nuestros vecinos, colegas y amigos. Pero, cuando se les pregunta a nuestros hijos cómo piensan criar a sus propios hijos, todos responden que usarán el estilo de "ser grande y hacerse cargo", que serán padres estrictos, que actuarán con autoridad. Ellos saben que este estilo funciona. Han visto los resultados y los están viviendo en este momento.

Nuestros hijos nos respetan y comprenden sus limitaciones, pero no nos tienen miedo. Saben que gozan de la libre voluntad, pero también se dieron cuenta y respetaron nuestra visión en la orientación de su vida.

Somos estrictos con nuestras palabras y nuestras expectativas, pero nunca implementamos ningún tipo de castigo físico o verbal con nuestros hijos. En realidad, mis hijos dirían que el peor castigo que pudieran recibir era una de mis "miradas". Con tan solo una mirada y sabían de inmediato que se habían comportado mal.

Como padres que "son grandes y se hacen cargo", nuestros hijos siguieron la guía que les dimos en cada aspecto de su vida, incluyendo los estudios, la salud, la vida social y las selecciones personales. Se preguntará usted cómo pueden los niños ser tan obedientes, respetuosos y cariñosos. Se logra con una combinación del estilo de los padres con autoridad junto con los 10 principios de la Mamá Quetzal. Cuando uno "es grande y se hace cargo", y tiene expectativas elevadas, y anima a su hijo/a a cumplir con su potencial, se crean hijos extraordinarios.

El "ser grande y hacerse cargo" significa establecer límites, reglamentar comportamientos, y establecer prioridades.

El establecimiento de límites puede referirse a la cantidad de tiempo que pueden sus hijos ver la televisión o jugar videojuegos. En la casa de los Ocampo, se limita la televisión mayormente al fin de semana. Se limitan los videojuegos a una hora por día y sólo durante el fin de semana. Lo que es más, se permiten los privilegios de la televisión y los videojuegos sólo después de completarse las obligaciones académicas (los deberes, proyectos, lecturas extra, y ejercicios con cronómetro) y las tareas caseras que tienen asignadas.

El establecimiento de límites también se puede referir al tiempo que pueden sus hijos textear o tener acceso al internet. En nuestra casa, se limitaba el uso del internet exclusivamente a la investigación para los deberes. Si bien permitimos que nuestros hijos hablaran por teléfono con sus amigos, les aplicamos las mismas reglas referentes a cumplir con sus obligaciones académicas y las tareas caseras.

La reglamentación del comportamiento es una parte íntegra del "ser grande y hacerse cargo" como padre. Desde que pudieron hablar, nosotros establecimos pautas firmes en cuanto al comportamiento aceptable. Por ejemplo, no permitimos que nuestros hijos sean "respondones" y tampoco pueden usar lenguaje o comportamientos ofensivos. Esto incluye entornar los ojos, susurrar comentarios de desaprobación, o desobedecer instrucciones. Hay una diferencia entre un niño que desafía o cuestiona una regla en particular o un concepto y uno que directamente desobedece. Mientras sí animamos a nuestros hijos a usar habilidades de análisis crítico y a cuestionar la autoridad cuando algo parece ser irracional o inmoral, no permitimos ninguna actitud desafiante dirigido hacia nosotros (los padres).

El padre que "es grande y se hace cargo" establece y hace cumplir las prioridades. En nuestra casa, las prioridades incluyen a la familia, la espiritualidad, la educación y el servicio a ajenos. Para enfatizar la importancia de la educación, los deberes toman prioridad siempre en nuestra casa. Tan pronto como lleguen a casa de la escuela, nuestros hijos siempre se dedican a los deberes.

Otro aspecto del "ser grande y hacerse cargo" es el tomar en serio el papel que juega usted como supervisor/a de su familia. En cuanto a este elemento, por algo es que yo me llamo "Mamá Quetzal". Si alguna vez alguien ha insultado a mis hijos, recortado sus derechos en un ámbito académico, o quitándoles algo que les afecta el bienestar directa o indirectamente, ¡abran camino! ¡Aquí llega la Mamá Quetzal, descendiendo a proteger a sus quetzalitos!

Como latinos, no siempre somos de lo más francos. Esto me preocupa. He visto a demasiados padres y madres aceptar decisiones que repercuten negativamente sobre el futuro de su hijo/a, porque son muy tímidos para hablar por parte del niño. Yo entiendo que todos somos diferentes y que no todos tenemos la capacidad de enfrentar a otras personas o de responder con eficacia ante situaciones bochornosas. No obstante, hay varias maneras de sobreponerse a esta incapacidad.

Por ejemplo, si siente usted que es demasiado tímido/a para acercarse a un maestro, administrador u otro adulto, ¿por qué no llevar con usted alguien que sí lo puede hacer? Esta persona puede ser su vecino/a, un pariente, o un/a amigo/a. Es necesario que usted se acompañe de alguien que pueda defender los derechos de su hijo/a.

Si el problema es el idioma, busque a un/a intérprete que le ayude en estas situaciones. Muchas instituciones públicas, bajo ciertas circunstancias, tienen la obligación de proporcionarle un/a intérprete que hable español si usted lo solicita. Pregúntele al distrito escolar sobre la política de ofrecer intérpretes que hablen español.

Si el reunirse frente a frente no le apetece, ¿por qué no sentarse para componer una carta en la que detalle lo que piensa y espera? Con frecuencia una simple carta es una manera muy eficaz de comunicar sus puntos claves y es también una manera útil de documentar una situación en particular.

Aquí tiene un ejemplo de cómo me dirigí a una dificultad con la seguridad en el recinto escolar, usando documentación escrita. Cuando mi hijo Emilio cursaba el primer grado, otro estudiante le estaba hostigando. Aparentemente, Emilio me quería "mostrar" en vez de "contar" lo que ocurría en la escuela. Una mañana, Emilio me pidió que caminara con el hasta el patio de la escuela. Nunca me había pedido esto, entonces me intrigó. No quería que caminara junto a él – sólo que lo acompañara hasta el borde del recinto y lo observara. Yo no sabía que él quería que yo tuviera conciencia de lo que ocurría en su escuela. Hasta hoy recuerdo este doloroso momento como si estuviera rodado en cámara lenta, en cuclillas en un rincón junto a la cafetería. Vi que Emilio caminaba para colocar su mochila sobre el montón con las demás mochilas. De repente, un estudiante le arrancó la mochila y jaló a Emilio por el asfalto del patio.

En vez de ponerme histérica, caminé rápidamente (pero calmada) al asfalto y aparté a mi hijo del hostigador. Le pedí a Emilio el nombre del muchacho que lo había atacado. Tranquilicé a Emilio y le di a entender que yo me encargaría de la situación. Después de asegurarme de su seguridad, me subí al auto y fui a trabajar. Lo primero que hice fue comunicarme con el Director de Servicios Estudiantiles. Me reuní con él en persona y le pedí una copia de las políticas del distrito escolar en cuanto al hostigamiento y la violencia. Cuando había encontrado la información que requería, compuse un correo electrónico al Director de la escuela de mi hijo y envié una copia al Director de Servicios Estudiantiles (y también a su maestro). Adjunté al correo electrónico una copia de la política del distrito y declaré cómo quería yo que se dirigieran a la situación de mi hijo. Mi expectativa era que el distrito hiciera cumplir su política de "cero tolerancia" en cuanto a la violencia en el recinto escolar. Al día siguiente supe que al niño que le había hecho daño a mi hijo le habían suspendido de la escuela.

Así se hace, padres de familia. No hay que esperar a que los administradores o el maestro de su hijo/a rectifique la situación a favor de su hijo. **No suponga que alguien más irá a defender a su hijo.** Usted tiene que "ser grande y hacerse cargo". Póngase las pilas, y hágase cargo de la situación para sus hijos. Ponga por escrito su queja, y declare con brevedad lo espera se haga. Establezca límites de tiempo. Así es como logrará los resultados que requiere – los resultados que beneficiarán a su hijo/a. ¡Sí se puede, Mamás Quetzales!

CAPÍTULO 4
Esos fastidiosos mitos

Vamos a extirpar algunos mitos falaces que sabotearán su implementación de los 10 principios de la Mamá Quetzal o que le frenarán de ayudar a su hijo/a a alcanzar su pleno potencial.

Estos mitos le negarán a su hijo/a la oportunidad de realizar su pleno potencial, limitarán la habilidad de su hijo/a y de las generaciones futuras a cumplir su destino, y podrán prohibir a su hijo/a de hacer una contribución valiosa a la humanidad.

Nuestra sociedad necesita desesperadamente las contribuciones particulares que aportan los niños latinos. Hay una gran necesidad de nuestra voz, nuestra creatividad y nuestro intelecto. Consideremos los niños latinos de ataño que llegaron a contribuir de manera profunda e inspiradora, como César Chávez, el astronauta José Hernández, Carlos Santana, el doctor Quiñones-Hinojosa, la autora Sandra Cisneros, o la juez magistrada del Tribunal Supremo, Sonia Sotomayor. ¿Se imagina lo que sería nuestra sociedad sin las contribuciones de estas personas? Imagínese el potencial que guarda su hijo/a y cómo usted puede cambiar el resultado de su futuro. Su hijo/a puede contribuir de manera profunda con el apoyo que usted le da, y porque cree usted en él o ella.

Considere los mitos a continuación, y pregúntese, "¿Cuántas veces me he dejado llevar por esta mentalidad negativa?" ¿Cuántas veces ha permitido usted que esto mitos le rijan el juicio?

Mito #1: Mi hijo tiene que ser un genio para ser admitido a una universidad prestigiosa o para hacer una contribución profunda a nuestra sociedad.

La verdad: Cada año las universidades prestigiosas reciben más de 35 mil solicitudes de estudiantes de secundaria. Un porcentaje importante de los que no reciben admisión está entre los que mayores notas tienen en su promoción y los que tienen notas perfectas de 2400 en el examen SAT. Y a la inversa, se admite un nivel de estudiantes cuyas notas del SAT son más bajas y cuyos promedios son menores. Si se define "genio" netamente por el logro académico y las notas de exámenes normativos, entonces este mito acaba de quedar triturado.

Mito #2: Yo tengo que tener mucho dinero para poder afrontar el gasto de las actividades adicionales y los recursos que ayudarán a mi hijo/a a hacer una contribución profunda. Si no tengo mucho dinero, mi hijo/a no tendrá la preparación necesaria para competir.

Si usted ha leído el capítulo anterior, "Los 10 principios de la Mamá Quetzal", sabrá que ninguno de los principios requiere una inversión financiera. La implementación de los 10 principios de la Mamá Quetzal es absolutamente gratuita y sólo requiere de una inversión de tiempo y energía. Mi esposo y yo seguimos estos 10 principios exclusivamente para formar y orientar a nuestros hijos en sus años de desarrollo. De hecho nosotros no tenemos mucho dinero, ni tampoco contratamos a un equipo de "expertos", ni enviamos a nuestros hijos a escuelas exclusivas de internado.

Considere otro ejemplo que desacredita el mito que dice que uno debe tener mucho dinero: César E. Chávez. Nosotros no podemos ponerle precio a las profundas contribuciones de él, que tuvieron un impacto importante en la vida de los trabajadores agrícolas y en nuestro mundo. Sin embargo, sabemos que él no vino de una familia privilegiada económicamente.

Mito #3: La mayoría de los niños tiene una inteligencia promedio. Estadísticamente, los que hacen contribuciones importantes a la humanidad son unos pocos, los elegidos.

Esto es erróneo. La mayoría de los niños latinos poseen dotes importantes y talentos sin descubrir. Se les lavó el cerebro para hacerles creer que son del promedio, o con mayor frecuencia, inferiores. Usted, como padre o madre, tiene el rol de identificar la maravilla de habilidades, talentos y maneras con los que su hijo/a latino/a puede contribuir al mundo.

Mito #4: Estas tonterías nunca las va a creer mi hijo/a. ¿Cómo podría yo convencer a mi hijo/a que está destinado/a a hacer grandes cosas?

Para desacreditar este mito, le reto a que haga su propio estudio. Visite un salón de clase de cualquier grado en su distrito. Observe cómo el maestro o la maestra se relaciona con los estudiantes. Es inevitable que haya los "espectaculares" y los "muy esmerados" elegidos en la clase, y también habrá los que pasan desapercibidos con frecuencia, los que son mediocres y los que no se esmeran. ¿Qué es lo que motiva a los espectaculares del salón de clase? ¿Por qué levantan la mano con orgullo, mientras que sus compañeros se recuestan y los observan? Usted notará sin tardar que un/a estudiante o un grupo de estudiantes selectos consistentemente reciben atención positiva mientras que a los demás estudiantes se los trata diferente, o no se les hace caso. Los selectos saben que otros esperan mucho de ellos, y por eso se desempeñan al nivel de esta expectativa alta.

Esta misma regla se aplica en su casa. Si usted expresa de manera verbal y no, que su hijo/a es un estudiante espectacular, él o ella comenzará a comportarse como tal. No estoy diciendo que hay que consentirlos ni crear una prima donna. Lo que digo es que hay que inculcar en ellos el orgullo, con darles atención positiva y con convencerles que están destinados a la grandeza.

Históricamente, nuestros niños latinos han sido asignados un rol que los describe como personas que no tienen éxito, que no son competitivas, y que no se esmeran. Cuando su hijo/a latino/a entra al salón de clase, lo más probable es que su maestro lo/la verá con esta perspectiva negativa. La expectativa que tiene el maestro o la maestra para su hijo/a será muy diferente de la que tiene para el niño hindú, asiático o blanco.

Su hijo/a está destinado/a a la grandeza. Si esto lo cree usted, entonces sólo tiene que comportarse de maneras que apoyen lo que cree. Su hijo/a se comportará a la altura de sus expectativas, y se convertirá en el líder que está destinado/a a ser.

Segunda Parte

La planificación estratégica y los recursos

En esta sección se enseña a navegar con éxito los años escolares de kinder a quinto grado, la escuela intermedia y la escuela secundaria.

CAPÍTULO 5
Haga que el sistema funcione para usted

En inglés, la frase *"Work the System"* se refiere a las herramientas y estrategias claves que pueden ayudar a los padres latinos a navegar con éxito los años escolares de kinder a quinto grado, la escuela intermedia y la escuela secundaria. Como padre de familia, es crítico que usted entienda la dinámica de la institución escolar de su hijo/a, que sepa cuáles son los programas y los servicios que se ofrecen, que prepare a su hijo/a cada año para empezar el año académico, y que ejerza los derechos tanto de los padres como del estudiante. Miremos las cinco estrategias que le ayudarán a hacer que el sistema funcione para usted.

- Saber cuáles son sus derechos
- Saber cuál es el perfil académico de su hijo/a
- Identificar los programas especializados
- Considerar un programa de estudios acelerado
- Participar (en la escuela y en el salón de clase de su hijo/a)

Saber cuáles son sus derechos. Como padres latinos, nos podemos confundir, frustrar y a veces quedar intimidados al comunicarnos con la escuela de nuestros hijos cuando surge un problema. Por ejemplo, ¿qué se hace en las siguientes circunstancias?

- Le piden que participe en una conferencia o una reunión para hablar de su hijo/a, pero el distrito escolar no ofrece el servicio de un intérprete.
- Un maestro insulta a su hijo, o le dice algo despectivo.
- Usted desea registrar una queja contra el maestro, consejero o director de la escuela de su hijo/a.
- Usted desea cuestionar una nota que recibió su hijo/a al final del curso.
- Una maestra o administradora recomienda retener a su hijo/a un año en el mismo grado.
- Su hijo/a queda inscrito/a inmerecidamente en un programa como el de ELD (English Language Development – desarrollo del idioma inglés), o no avanza para incorporarse de manera oportuna en las clases generales de English Language Arts (ELA).
- Su hijo/a, a pesar de cumplir con los requisitos, no queda recomendado/a para participar en los programas o cursos especializados.
- A su hijo/a le orientan hacia programas que no reflejan su capacidad intelectual.
- El consejero de su hijo/a no ofrece la ayuda adecuada.
- Su hijo/a es víctima de acoso.
- Se identifica falsamente a su hijo como miembro de una pandilla, o se le amenaza con suspensión o expulsión.
- Se amenaza a su hijo/a con hacerle una anotación permanente en su expediente académico oficial por mala conducta académica o de comportamiento.

Muchos de nosotros no sabemos cuáles son nuestros derechos como padres, ni conocemos el protocolo correcto, ni cuándo hay que ser más insistentes frente a una situación. Si bien los diferentes distritos escolares tendrán diferentes políticas y procedimientos, existen reglas básicas que rigen la mayor parte de las escuelas públicas. Estas "leyes" básicas provienen del Departamento de Educación del estado en el que vive. Una ley estatal de educación *siempre* rige ante una política o regla que emite una escuela. Si desea investigar cualquiera de los temas anteriores, siempre empiece por el código legal que rige la educación a nivel estatal. El código de su estado se encuentra en línea, disponible al público. Ahora, revisemos las políticas a nivel de escuela y de distrito escolar.

Políticas de la junta directiva y/o los reglamentos administrativos. ¿Cuál es la diferencia entre las políticas de la junta directiva y los reglamentos administrativos? Las políticas de la junta directiva son aquellas que adopta la junta directiva local, y por naturaleza son de perspectiva amplia. Los reglamentos administrativos son los que proveen los detalles de cada política – el quién, dónde, cuándo y cómo se implementarán. Estas políticas de su junta directiva local y los reglamentos administrativos deberían estar a su disposición por el sitio web de su distrito. Si no, llame a la oficina del superintendente para preguntar dónde encontrarlos. Estos son documentos públicos. Usted tiene todo el derecho de tener estos documentos, y la administración tiene la obligación de cumplir con lo que usted pide.

Manual del estudiante y/o de los padres de familia. Si su hijo/a no recibió un manual del estudiante al comienzo del año escolar, comuníquese con el director de la escuela. Los manuales de estudiantes contienen las políticas, los programas, los calendarios y los eventos de la escuela en particular a la que asiste su hijo/a.

Aprenda cuál es la jerarquía de las autoridades en su distrito. Es frecuente que se establezcan protocolos en la escuela y a nivel de distrito. Los protocolos establecen una jerarquía de mando específica. Cuando usted sabe cuál es la jerarquía del distrito de escuelas públicas, podrá navegar bien el sistema, sin perder tiempo y energía.

Departamento de Educación del Estado
↑
Oficina de Educación del Condado
↑
Junta Directiva (Board of Trustees)
↑
Superintendente
↑
Director/a de Escuela
↑
Maestro/a
↑
Estudiante

Las flechas anteriores indican el orden jerárquico de las autoridades. Por ejemplo, su estudiante responde ante su maestro/a, y su maestro/a responde ante el director de la escuela, y así. Si su hijo/a encuentra un problema que requiere que usted responda, siga esta cadena de autoridades, para resolver el problema.

The Freedom of Information Act (FOIA – la ley de libertad de información). La FOIA es una ley federal que le permite pedir y obtener ciertos documentos de instituciones preescolares, de primaria o de secundaria, públicas o privadas.

Si usted ya le ha pedido un documento en particular a la administración de la escuela local (del personal o del director) y se lo han negado, comuníquese con el superintendente de escuelas. Si él o ella se niega, comuníquese con la junta directiva. La mejor manera de comunicarse es con escribir una carta formal y concisa, dirigida a cada persona o personas, y asegurarse de documentar el método de entrega de la carta (por ejemplo, "correo certificado" o "recibo de confirmación de entrega"). Es cuando los padres latinos toman estos pasos y siguen este enfoque formal y metodológico, que tienen el mayor éxito.

Para demostrar cómo pueden utilizar las leyes estatales los padres latinos, a continuación se encuentra un ejemplo para los padres que hablan español y que requieren servicios de traducción. Este texto se encuentra en el Código Legal de Educación del estado de California, y dictamina la traducción de documentos al español. Hay que notar que cada estado podrá tener sus propias provisiones referentes a los servicios de traducción:

> 48985. (a) Si un 15 por ciento o más de los estudiantes inscritos en una escuela pública que ofrece instrucción en kinder o en cualquiera de los grados de 1 a 12, inclusivo, habla una lenga principal que no sea el inglés, según determinan los datos del censo entregados al departamento en conformidad con la Sección 52164 del año anterior, toda notificación, informe, declaración, o expediente que se envíe a los padres o al tutor de tal estudiante de parte de la escuela o del distrito escolar, además de estar escrita en inglés, serán escrita en la lengua principal indicada, y la respuesta podrá escribirse en inglés o en la lengua principal.

Si su hijo/a va a una escuela privada, es posible que no tenga los mismos derechos. No siempre están obligadas las escuelas privadas a seguir las mismas leyes federales y estatales que las escuelas públicas. Sin embargo, usted igual debe prepararse con tanta información como pueda obtener. Por ejemplo, pida que le den las políticas de la escuela, el manual o los reglamentos.

¡Una sugerencia para los padres! Sí, es cierto que hay muchos reglamentos y políticas establecidos en los distritos escolares públicos. No obstante, no tema en tratar de cuestionar una regla, una política o una decisión. La verdad es que siempre hay excepciones. Por ejemplo, si el consejero de su hijo/a no cumple con su debida labor ni obra en beneficio de sus mejores intereses, usted tiene el derecho a pedir otro consejero para su hijo/a. O, si a su hijo/a no le nominaron para asistir a una clase en particular, usted tiene el derecho a cuestionar esa decisión. Yo misma he pasado por este proceso con mis hijos – desde cuestionar a los maestros cuando no recomendaron a mis hijos para clases en particular, hasta cuestionar a los administradores GATE cuando no supieron ver lo hábiles que son mis hijos.

Saber cuál es el perfil académico de su hijo/a. El "perfil" académico de su hijo/a no es algo que existe -- es algo que usted creará. El perfil consta de unos cuantos componentes básicos. Primero, usted debe obtener cuanto hito, examen, y evaluación normalizados que se administre en beneficio de sus hijos. Antes, los estados se fiaban de sus propias evaluaciones a nivel estatal – tales como el programa Standardized Testing and Reporting (STAR) administrado en California. No obstante, desde el comienzo del año académico 2015/2016, los distritos escolares por todo Estados Unidos estarán usando el sistema de evaluación Smarter Balanced, como resultado de las normas federales para los estados que se llaman Common Core State Standards.

Segundo, usted revisará las más recientes libretas de notas de sus hijos. Con estos dos componentes, usted entenderá mejor las habilidades académicas de sus hijos, así como las áreas de posible progreso. Por último, si a su hijo/a le hicieron la prueba y la evaluación para el programa para estudiantes dotados y talentosos, Gifted and Talented Education (GATE), usted querrá revisar los resultados de cualquier prueba administrada. Estas pruebas podrán incluir las siguientes: *Otis-Lennon School Ability Test* (OLSAT) o la *Naglieri Nonverbal Ability Test* (NNAT). Ver "Identificar programas especializados" a continuación.

¿De qué sirve conocer el perfil académico de mi hijo/a? En primer lugar, sirve para entender si los padres tendrían que identificar recursos adicionales para ayudar a su hijo/a a mejorar o dominar un programa académico en particular (por ejemplo, las matemáticas o el inglés). Estos recursos pueden incluir conseguirle un tutor, por ejemplo. También sirve para determinar si su hijo debe seguir un programa acelerado (ver la sección a continuación). El perfil también sirve para que los padres identifiquen posibles problemas.

Por ejemplo, si Esmeralda destaca entre el percentil 99 para las matemáticas en la evaluación anual, pero sacó una nota inconsistente en matemáticas o en una evaluación interna de su maestro, es necesario investigar esta inconsistencia. De manera contraria, si Esmeralda salió entre el percentil 50 o 75 en las matemáticas, usted debe anticipar que su maestro enfatice esta materia para poder subirle la nota. Por último, el perfil sirve para identificar si su hijo/a es posible candidato/a para los programas especializados como GATE.

En resumen, la creación de un perfil académico para su hijo/a servirá para:

- Establecer una base de la cual mejor entender y evaluar el progreso académico de su hijo/a
- Comprender si su hijo/a requiere de recursos adicionales, como un tutor.
- Identificar si se debe intentar o no que participe en un programa acelerado.
- Identificar posibles problemas, tales como la inconsistencia entre las notas de clase y las pruebas de evaluación anuales.
- Identificar si su hijo/a es posible candidato/a para participar en programas especializados, tales como GATE.

Identificar los programas especializados. Existen varios programas especializados para estudiantes de los distritos de escuelas públicas. Para determinar cuáles de los recursos están a la disposición en su distrito, condado, región o estado, visite el sitio web de la escuela, del distrito, de la Oficina de Educación del Condado, del Departamento de Educación del Estado, o de los programas que se encuentran en el manual de la escuela. Si usted siente que su hijo/a requiere apoyo en estas áreas, vuelva a leer las dos secciones anteriores referentes a los derechos de los padres y los estudiantes, y el perfil académico de su hijo/a.

Muchos programas que reciben fondos del estado cubren servicios dirigidos a discapacidades de lengua, de habla y de aprendizaje, las cuales serán identificados oportunamente por los maestros, terapeutas y/o consejeros en los años prekinder, kinder y de kinder a quinto grado. Como padre de familia, usted debe saber si su hijo/a califica para estos programas, cómo es que se evalúa a su hijo/a, y cómo ayudará el programa a su hijo/a a progresar durante su trayecto académico.

Un ejemplo de un programa especializado es el programa de educación para estudiantes dotados y talentosos. Los diferentes estados se refieren a estos programas con diferentes nombres. En el estado de California, se le llama el programa GATE – cuyas siglas en inglés representan Gifted and Talented Education. Estos programas especializados se dirigen a los estudiantes de alto rendimiento académico en la escuela primaria y secundaria. Si usted cree que su hijo/a muestra las características de un estudiante dotado, pida información sobre el programa a su distrito escolar. Hable con el maestro de su hijo/a para pedir que le dé un formulario de nominación. Los diferentes estados tienen criterios propios, por ende es importante que usted lea con cuidado las pautas referentes al estado y el condado en el que vive. En el capítulo 7, "*Ignacia la ingeniosa*", también hay información sobre los programas de educación para estudiantes dotados y talentosos.

Además de los programas especializados administrados a nivel de escuela, distrito o condado, existen también programas de nivel nacional para estudiantes, desde la escuela primaria hasta más allá de la escuela secundaria. Por ejemplo, existen varios programas de preparación para entrar a la universidad, incluyendo los de Advancement Via Individual Determination (AVID), Gear-Up y Upward Bound, entre muchos otros. Para encontrar un programa de preparación universitaria en su estado, visite el sitio web "collegeaccess.org" y pulse el enlace que lleva al directorio de programas.

Considerar un programa de estudios acelerado. Un programa acelerado es un plan académico que permite que su hijo/a avance de manera más acelerada que sus compañeros en los años kinder a quinto, escuela intermedia o escuela secundaria. Esta estrategia no es para todos los estudiantes. Su hijo/a debería seguir un programa acelerado si es muy inteligente para su edad, si sabe dedicarse a las materias independientemente, y si tiene motivación propia. Algunos padres reconocerán este concepto como el de "saltarse un grado". Si bien puede referirse a saltarse un grado, con mayor frecuencia se refiere a sobrepasar ciertas materias (como las matemáticas básicas) para avanzar a un nivel más alto de matemáticas (por ejemplo, álgebra) en un periodo más corto de tiempo.

Con frecuencia los padres latinos no contamos con la información sobre programas acelerados, ni el proceso de cuestionar y sobrepasar las materias, ni el saltar un grado. No obstante, es un derecho fundamental de los padres poner a su hijo/a en un plan de estudios que refleje las habilidades de aprendizaje del estudiante. Ya que cada distrito tendrá su propia política y práctica referente al cuestionamiento del programa de estudios y el sobrepasar materias, usted debe informarse en su propio distrito escolar con pedir los reglamentos administrativos o las políticas de la junta directiva.

Otra estrategia es la de inscribir a sus hijos en cursos de verano para que progresen con sus habilidades o aprendan estrategias de aprendizaje. Por ejemplo, durante dos veranos consecutivos (sexto y séptimo grados) nosotros inscribimos a nuestros hijos en el José Valdes Summer Math Institute. El instituto ofrece un programa intensivo de matemáticas que les dio las herramientas básicas para poder dominar varios conceptos y estrategias matemáticos para acelerar su aprendizaje y salir exitosos de los difíciles programas de matemáticas en la escuela secundaria, como AP Calculus. Otra opción de programa acelerado es de inscribir a su hijo/a en cursos universitarios de nivel introductorio que ofrecen las universidades comunitarias (community colleges) locales.

Por motivo de los recortes en el presupuesto estatal, muchos distritos escolares sólo ofrecen cursos de recuperación de materias durante el verano. Si éste es el caso en su distrito, averigüe con otros distritos locales si puede inscribir a su hijo/a en los cursos de verano que ellos ofrecen. Tenga en cuenta que hay muchos cursos que normalmente no se ofrecen durante el verano (por ejemplo, lenguas extranjeras). Si el curso que desea tomar su hijo/a no se encuentra disponible en su(s) distrito(s) local(es), considere lo que ofrece la universidad comunitaria local. Si no encuentra lo que busca con estas dos opciones, considere inscribirlo en un curso en línea que ofrezca una universidad acreditada.

Una pequeña cautela. Si su hijo/a opta por seguir cualquier elemento de lo expuesto aquí, y quiere que el curso quede anotado en su expediente oficial de la escuela secundaria, *por adelantado* usted debe obtener un documento firmado del registrador o secretario de la escuela. Este documento debe contener cinco puntos: (1) Que la escuela le otorga permiso incondicional a su hijo/a para que obtenga instrucción fuera del distrito escolar; (2) que la escuela le otorga el crédito o las unidades correspondientes al curso; (3) que el curso se contará entre los requerimientos para la graduación y que cubre un requisito específico; (4) el curso quedará documentado dentro del expediente oficial de su hijo/a; y (5) el curso se articulará en la(s) universidad(es) a las que decida buscar admisión su hijo/a.

Si su hijo/a quiere sobrepasarse una materia con llevar un curso fuera de su escuela secundaria, usted debe obtener algo por escrito. El documento debe expresar la equivalencia semestral correspondiente (la equivalencia a uno o a dos semestres) y debe especificar la(s) categoría(s) que cumple el curso. Por ejemplo: *Julio García completó Lengua Extranjera 2B (Curso #XLT22435, Español Avanzado) durante el verano de 2015, en Latino Community College, y recibió una nota A. Este curso cumple con la equivalencia de dos semestres de un curso de Español 4. Por esta razón, Julio ha cumplido con el requisito de cuarto año para las lenguas extranjeras, y recibirá el correspondiente crédito (unidades), y tales créditos aparecerán en su expediente académico oficial.*

La expresión verbal de un empleado de consejería no tiene el peso necesario, por ende, usted debe obtener un documento que contenga estos puntos antes de gastar su tiempo y su dinero.

¡Una sugerencia poderosa! ¿Sabía usted que una de las primeras preguntas de la Common Application (la solicitud para entrar a la universidad) es si el estudiante ha estado inscrito en cursos que *no son* del programa de estudios de su escuela? La mayoría de los estudiantes no habrá tomado tales cursos. Para aprender cómo usar esta estrategia para mejorar las posibilidades de entrar a la universidad para sus hijos, ¿por qué no invitar a la Mamá Quetzal a su propia escuela secundaria? Vea www.quetzalmama.com para aprender cómo puede ser anfitrión(a) de un taller de la Mamá Quetzal.

Tenga en cuenta que, así su hijo/a acelere su programa de estudios con cuestionar el programa o con llevar un curso en otra institución, los distritos escolares pueden tener un requerimiento de cierto número de unidades llevado en la escuela para poder graduarse. En otras palabras, es posible que a su hijo/a le toque completar un número total de unidades en su escuela secundaria para poder graduarse. Siempre consulte primero con el registrador o secretario de la escuela, que todo lo que le digan se lo den por escrito, y guarde copias de todos los documentos que usted les entregue.

Participar (en la escuela y en el salón de clase de su hijo/a). Hay muchas maneras de participar y mantenerse activo/a durante el trayecto académico de su hijo/a, desde kinder a quinto grado, hasta terminar la escuela secundaria. Según el horario laboral que tenga usted, entre otros factores, existen numerosas maneras de participar sin poner pie en el salón de clase de su hijo/a.

<u>Ser voluntario/a en el salón de clase de su hijo/a.</u> El ser voluntario/a en el salón de clase de su hijo/a no implica tener que comprometer mucho tiempo. Para nosotras, las mamás latinas que trabajamos a tiempo completo o que tenemos que ver por otros hijos, hay otras maneras en las que podemos ser voluntarias. Estas maneras incluyen ofrecerse a hacer fotocopias en casa, a construir proyectos en casa, o sencillamente donar algunos útiles al salón de clase. De nuevo, no es el artículo ni el proyecto lo que es importante, sino que es el hecho que usted está participando. Cuando la maestra

está convencida que usted está comprometida con el éxito académico de su hijo/a, también estará comprometida la maestra.

<u>Envolucrarse en la escuela</u>. Aprenda todo lo que puede sobre la escuela de su hijo/a. Participe en el grupo de padres, estudie el sitio web de la escuela, visite la página del maestro, asista a todos los eventos en la escuela, y obtenga una copia del manual de la escuela. Los eventos en la escuela podrán incluir "Volviendo a la Escuela" (Back-to-School Night), conferencias entre padres y maestros, un festival musical del distrito escolar, una exposición de arte, un concurso de ortografía, una feria para las ciencias, el Declatón Académico, la Olimpiada Científica, y muchas actividades más. El participar en las actividades de la escuela hace más que simplemente anunciar su presencia. Allí usted se comunicará con otros padres de familia, aprenderá de más oportunidades para su hijo/a que tal vez no están bien promociónando, y le demostrará a su hijo/a que para usted la educación es una prioridad. Que sus hijos le acompañen a estos eventos, y haga que los eventos formen parte de su programa anual. Cuando su familia participa en estos eventos, se va creando un sentido de comunidad con la escuela.

<u>Que los maestros de sus hijos le conozcan personalmente</u>. No hablo de entablar amistades ni una relación personal, sino de asegurar que los maestros de primaria de su hijo/a sepan quién es usted y reconozcan que usted guarda expectativas muy altas para su hijo/a. Con frecuencia los padres no conocen al maestro de su hijo/a sino hasta el evento "Volviendo a la escuela" o durante las conferencias entre padres y maestros. Cuando usted se toma el tiempo al inicio del año escolar para presentarse formalmente a los maestros de sus hijos, está dando a entender que usted se interesa por sus hijos y que invierte en su educación, y que estará siguiendo su progreso de cerca.

El primer paso es de programar una mini-conferencia con el maestro de su hijo/a. Esta mini-conferencia se programará cuando sea conveniente para el docente, y durará tan solo unos 15 a 20 minutos. El objetivo de usted es de cubrir dos temas durante la mini-conferencia. Primero, después de presentarse, haga un breve resumen de lo que usted entiende es el perfil académico de su hijo/a (ver la sección anterior). A continuación, explique brevemente las expectativas que guarda para el progreso académico de su hijo/a. Por ejemplo, a usted le podría interesar enfatizar la necesidad de que domine las matemáticas. Segundo, pregúntele al maestro qué es lo que pueden hacer *usted y su hijo/a* para ayudar a lograr sus metas académicas. Usted podría preguntar dónde encontrar más recursos para su hijo/a que complementen las tareas que haga en casa. Es probable que la maestra conozca muchos programas locales o herramientas en línea que les han servido a otros estudiantes a través de los años. Ver también el *Capítulo 8, "Establecer un plan de acción"*, referente al trabajo suplementario.

Haga seguimiento del progreso de su hijo/a en línea. La mayoría de los distritos escolares les ofrece ahora a los padres una forma de hacer seguimiento del progreso académico de su hijo/a por internet. Con una identificación de usuario y una contraseña, los padres pueden revisar las tareas pendientes y completadas de su hijo/a, sus proyectos y las notas que llevan en sus cursos. Esta herramienta es de particular utilidad para los padres, porque así podemos ver en tiempo real la información, en vez de tener que esperar que termine el trimestre o el semestre para recibir la libreta de notas. El hacer seguimiento del progreso de su hijo/o en línea es otra manera de participar y tomar acción anticipada durante su trayecto académico.

Hay que revisar por qué es importante hacer que el sistema funcione para usted. Nuestros hijos latinos con mucha frecuencia pasan desapercibidos cuando no tienen orientación durante su trayecto académico. Hay que recordar que su hijo/a estará en la escuela durante trece años, más un año de transición al kinder, por un total de catorce años *antes* de entrar a la universidad. Si usted hace que el sistema funcione para usted, y tiene establecido un plan para su hijo/a, aquellos catorce años estarán llenos de actividades positivas y productivas. Si, de lo contrario, se permite que la escuela (los maestros, el director, etc.) asuma toda la responsabilidad por asegurar el éxito del trayecto académico del estudiante, los padres pueden quedar decepcionados.

En resumen, haga que el sistema funcione para usted con seguir estas acciones estratégicas:

- Saber cuáles son sus derechos – sepa cuáles son sus derechos como padre de familia, cuáles son los reglamentos administrativos, las políticas de la junta directiva, las leyes estatales y federales que protegen a los estudiantes y sus padres.
- Saber cuál es el perfil académico de su hijo/a – al saber esto, usted tendrá más éxito al navegar el sistema académico como padre de familia informado.
- Identificar los programas especializados – Sepa qué programas existen y aprovéchelos con participar en ellos.
- Considerar un programa de estudios acelerado – Saltarse un grado o cuestionar un programa de estudios para sobrepasarse la materia.
- Participar (en la escuela y en el salón de clase de su hijo/a) – Asista a los eventos en la escuela, programe reuniones con la maestra de su hijo/a, haga trabajo de voluntariado en la clase o a la distancia, y haga seguimiento en línea del progreso académico de su hijo/a.

Lo más importante que usted logrará con hacer estos ejercicios es demostrarles a sus hijos que (1) la educación es la meta primordial de su familia; (2) usted y su familia están comprometidos con el éxito de sus hijos; y (3) a usted le importa profundamente el futuro académico de sus hijos. Recuerde, ¡no tiene que intentar hacer estas estrategias a solas! Formule un enfoque de equipo con pedirle a su cónyuge, amigo/a, colega u otro individuo que ofrece apoyo que le acompañe a estas actividades o que le ayude a diseñar un plan.

Ahora que usted sabe hacer que el sistema funcione para usted, los dos capítulos a continuación le ayudarán a crear una estrategia académica para su hijo/a que va paso por paso.

CAPÍTULO 6
Pensar *a la inversa*

Antes de leer el próximo capítulo, "Establecer un plan de acción", es importante que usted comprenda el concepto de un diseño a la inversa. Este esquema mental es la fundación que usará para crear estrategias para el camino que atravesará su hijo/a hacia la universidad. Contrario a lo que naturalmente pensamos en la creación de una estrategia con miras al futuro, para encaminar a su hijo/a por el carril rápido hacia la universidad, usted debe pensar *a la inversa*.

¿Qué significa pensar a la inversa? *"Pensar a la inversa"* es tanto un proceso mental como una estrategia logística. Es el acto de visualizar el futuro académico de su hijo/a, comprender dónde se encuentra en este momento con respecto a lograr esa meta, y tomar pasos activos, deliberados y estratégicos para llegar con éxito a la meta.

Si se aspira a la universidad, esto significa mirar al futuro – sea de aquí a cinco, diez o quince años – y crear una estrategia a la inversa, del futuro al presente. La estrategia es la misma si su hijo/a desea hacer estudios universitarios en una universidad pública o privada, o hacer un programa de dos años en una universidad comunitaria, o sacar un título o certificado de una escuela vocacional.

¿Qué pasa si su hijo/a no sabe lo que quiere de aquí a diez años, ni sabe a qué universidad quiere asistir? ¡Está bien! La mayoría de los estudiantes no tiene una perspectiva sobre un futuro tan lejano, pero sus padres sí saben que quieren encaminar a sus hijos hacia la mejor universidad posible. Decida lo que decida su hijo/a, usted puede seguir el concepto de "pensar a la inversa" para llegar a ese punto.

Para entender la estrategia de *"pensar a la inversa"*, imaginémonos que usted está planificando ir de compras al supermercado, para hacer la compra de la semana. Usted no iría a Latino-Mart, entrar a la tienda, para intentar crear allí mismo lo que va a cocinar y la lista de compras que necesita, ¿no? Antes de llegar a Latino-Mart, ya habría pensado en su meta (las comidas de la semana) y de ese punto habría creado su estrategia a la inversa, para planificar lo que va a comprar. Habría investigado los anuncios para determinar dónde están los precios más bajos y habría creado un plan para hacer el mejor uso de su dinero. Habría pensado a la inversa al consultar recetas, al revisar su presupuesto, y al considerar el tiempo que le va a llevar llegar a las tiendas. Usted puede aplicar este mismo concepto para planificar la educación de su hijo/a.

Hay que considerar el concepto de *pensar a la inversa* para un estudiante al que llamaremos "Javier". La meta académica que tiene Javier es la de ser admitido al prestigioso programa de Ingeniería y Ciencias Aplicadas en la Harvard University. Tengamos en cuenta que éste es un escenario ficticio, cuya intención es ayudarnos a entender cada paso de un proceso de diseño a la inversa. De hecho, no existen pasos garantizados para asegurar la admisión a Harvard. No obstante, el perfil de los estudiantes a los que yo he guiado a través de los años y que han logrado ser admitidos a Harvard University es muy parecido al perfil que compartiré aquí. ¡No es que mis estudiantes tuvieran mucha "suerte" ni tampoco existía una fuerza misteriosa que obligó al oficial de admisiones a admitirlos! Lo que hicieron ellos fue crear un mapa a seguir para encaminarse hacia la universidad, empezando en la escuela intermedia.

Paso uno – *Pensar a la inversa* – Desde la oferta de admisión a la universidad a la escuela secundaria

El primer paso a la inversa, desde la oferta de admisión de Harvard, sería el de visualizar cómo resultaron los cuatro años de la escuela secundaria en la meta deseada. Al tomar este primer paso, debemos ser realistas y reconocer que las cosas no se darán por obra milagrosa. Hay que planificar metódicamente cada uno de los años, orientándonos hacia la meta deseada.

Al *pensar a la inversa*, Javier y sus padres revisaron el perfil de los estudiantes que han sido admitidos al programa de ingeniería en la Harvard University. Descubrieron una serie de tres exámenes estandarizados que la mayoría de los estudiantes admitidos presentó y cuyos resultados fueron notas relativamente altas.

Descubrieron que en la escuela secundaria, la mayoría de los estudiantes de ingeniería admitidos logró una nota de 5 en los cursos avanzados (AP por sus siglas en inglés) en química, física y cálculo. Además, estos estudiantes sacaron notas de entre 700 y 800 en la porción de matemáticas en el examen SAT o de entre 91 y 99 en la porción de matemáticas en el examen ACT. También lograron notas entre 700 y 800 en la prueba de materias en matemáticas nivel II del SAT.

Armados de estos datos estadísticos, los padres de Javier se dieron cuenta que su hijo tendría que planificar con mucho cuidado estos exámenes. Además del diseño *a la inversa* para programar las fechas en que se ofrecen estos exámenes, también necesitarían un diseño *a la inversa* para un programa de preparación para que Javier saliera bien en los exámenes.

Hay que recordar que las notas aquí referenciadas reflejan una de las universidades más competitivas en el mundo. Para entrar a una buena universidad, ¡de hecho su hijo/a no necesita sacar un perfecto 5 en cada examen avanzado (AP) ni un 800 en matemáticas! Para identificar el perfil de los estudiantes admitidos a las tres universidades a las que quiere entrar su hijo/a, visite el sitio web de la oficina de admisiones de cada una de ellas. Para aprender más sobre estos términos y conceptos, ver el Glosario.

Paso dos – pensar a la inversa – de la escuela secundaria a la escuela intermedia

Antes de siquiera poner pie en la escuela secundaria, Javier y sus padres habían utilizado la estrategia de *pensar a la inversa* comenzando en la escuela intermedia. Mientras Javier cursaba el sexto grado, él y sus padres identificaron la escuela secundaria apropiada para Javier, con seguir estas cuatro estrategias:

#1: Encontrar la escuela secundaria apropiada. Al considerar una escuela secundaria, primero identifique cualquier programa, recursos o academias en los que quisiera participar su hijo/a. Estos programas podrán incluir una academia relacionada a STEM (Science, Technology, Engineering, Math – ciencias, tecnología, ingeniería, matemáticas) o a la tecnología, un programa de Honores, una academia de las artes visuales y dramáticas, o un programa de liderazgo, por mencionar unos cuantos. Haga un esbozo de los requerimientos de admisión, las fechas límites para presentarse (si las hay), y las fechas de orientación para hacerse familiar con los programas. Es posible que estos programas especializados requieran nominaciones o recomendaciones de los docentes de la escuela intermedia, por ende debe prepararse por adelantado para completar este proceso.

Algunos distritos ofrecen transferencia entre distritos a escuelas "magnet" en particular o para las escuelas secundarias de alto rendimiento académico. Algunos condados ofrecen transferencias entre distritos a tales escuelas. Además, algunas escuelas "charter" inscriben a sus estudiantes mediante un sistema de lotería. Javier decidió buscar admisión a la Academia de Espacio e Ingeniería en la escuela secundaria de su distrito.

Como habían investigado la Academia de Espacio e Ingeniería, Javier y sus padres aprendieron que esta academia especializada requería muchos elementos para calificar para admisión. Algunos de los elementos que requería incluyen una carta de recomendación de un maestro o un consejero de la escuela intermedia, un examen de evaluación de matemáticas y ciencias, y haber completado clases específicas de matemáticas y ciencias con una nota de B o más. Para Javier y sus padres, saber esto les sirvió muchísimo para tomar acciones a la inversa para que Javier se presentara como candidato competitivo para admisión a la academia.

#2: ¡Prepárense para el éxito! Ahora que han identificado el tipo de escuela secundaria, Javier debería inscribirse en una escuela que tenga alto rendimiento en cuando a la graduación de estudiantes y la preparación académica para la universidad. Considere estos factores claves:

- ¿Cuál es el porcentaje de estudiantes que se gradúa y se matricula directamente en una universidad de cuatro años (y no de dos años)?
- ¿Cuál es el porcentaje de estudiantes que cumple con o excede los estándares de conocimientos en las materias básicas?
- ¿Cuántos cursos de preparación universitaria se ofrecen – tales como los cursos de "Advanced Placement" o "International Baccalaureate"?

#3: Haga un esquema del programa de estudios. Una vez identificada y seleccionada la escuela secundaria, Javier y sus padres examinaron los cursos ofrecidos para poder hacer un esquema del programa de estudios. Obtuvieron el catálogo de cursos de la escuela secundaria con mirar el sitio web de la escuela bajo el enlace titulado "Counselling Department". Si el catálogo de la escuela secundaria que ha seleccionado usted no está por internet, llame por teléfono a la escuela para aprender dónde obtener una copia. Una vez que Javier hubiera identificado los cursos que quería llevar, con sus padres hicieron un esquema del orden en que se inscribiría en los cursos en particular. Comenzando con el programa de estudios del primer año (noveno grado, llamado "freshman" en inglés), determinaron cuáles eran los prerrequisitos para la inscripción (si había), para poder dedicarse a cumplir con estos requisitos mientras Javier cursaba estudios en la escuela intermedia.

#4: ¡Pónganse al tanto de la universidad! Sólo porque Javier encontró la escuela secundaria ideal e hizo un esquema de estudios para los cuatro años de secundaria, ¡no quiere decir que estará al tanto de la universidad! Es importante que los estudiantes aprendan sobre el proceso de admisiones a la universidad para poder entender las fechas límites, los componentes de la solicitud, y la asistencia financiera. Usted debe identificar programas de preparación para entrar a la universidad en la escuela, el distrito o el condado, incluyendo los de Advancement Via Individual Determination (AVID), Gear-Up, y Upward Bound, por mencionar unos cuantos. Para encontrar un programa de preparación para entrar a la universidad en su estado, visite el sitio web 'collegeaccess.org' y revise el directorio de programas.

Paso tres – pensar *a la inversa* – de la escuela intermedia a la escuela primaria (K-5)

En la escuela intermedia, Javier ya sabía que necesitaba llevar cursos avanzados de matemáticas y ciencias para ser aceptado a la Academia de Espacio e Ingeniería de la escuela secundaria. Por ende, planificó su programa de estudios y actividades extracurriculares tomando en cuenta esta meta. Participó en el programa GATE, en las ciencias avanzadas, y en la Olimpiada Científica, y también participó en el equipo de ajedrez.

Hay que reflexionar un momento sobre cómo fue seleccionado Javier para participar en las ciencias avanzadas cuando entró a la escuela intermedia. Javier sabía que tendría que obtener una carta de recomendación como parte de los requerimientos para cursar estudios de ciencia avanzada antes de terminar el sexto grado. En toda la escuela intermedia de Javier, con 1500 estudiantes, hay tan solo una clase de ciencia avanzada con 30 estudiantes. ¿Cómo fue que lo seleccionaron a él? ¿Cómo sabía él que existía ese programa? Los padres de Javier habían elaborado un esquema a la inversa de la escuela intermedia a la escuela primaria. Mientras Javier estaba en la escuela primaria, sus padres visitaron la escuela intermedia, conversaron con los consejeros, visitaron el sitio web de la escuela y se unieron a un grupo de padres de familia. Una vez que habían descubierto este programa, se empeñaron en aprender cómo lograr que Javier fuera admitido.

Los requerimientos del programa de ciencias avanzadas en la escuela intermedia eran un ensayo de admisión, cierto promedio de notas (GPA), y una recomendación de su maestra de ciencias o de matemáticas. Por haber elaborado estos requerimientos a la inversa, Javier y sus padres se enfocaron en cada requerimiento con una estrategia específica.

Para lograr la recomendación de un maestro, los padres de Javier le ayudaron a establecer una relación personal formal con su maestro de ciencias de sexto grado, con la meta de obtener una carta de recomendación al final del sexto grado. Sus padres orientaron a Javier a hacer tareas para lograr más créditos, a reunirse con su maestro después de clase para conversar de temas de interés, y a sacar de la biblioteca libros de investigación científica y compartir lo que descubría con su maestro.

Si usted siente que esta conducta es inmoderada o insincera, recuerde cuál es el propósito mayor de su hijo/a. Si él o ella sinceramente desea formar parte de las ciencias avanzadas, entonces usted debe hacer cuanto esté a su alcance para mejorar las posibilidades de su hijo/a. Este programa es una exploración de las ciencias única en la que su hijo/a realizará proyectos interesantes, asistirá a viajes de campo, realizará proyectos de investigación y se esforzará junto con sus compañeros que comparten los mismos intereses.

Lo más importante es que Javier estará en un salón de clase con un maestro que guarda altas expectativas para cada uno de los estudiantes en la clase. Se seleccionará a 30 estudiantes. No crea usted ni por un minuto que los otros 29 estudiantes simplemente tuvieron "suerte". Lo más probable es que tuvieron padres activos que guiaron el progreso de sus hijos. El hijo/a de usted merece estar en ese salón de clase tanto como lo merece cualquier otro chico/a. Le toca a usted asegurar que su hijo/a lo logre.

¿Cómo pudo Javier lograr todo esto? Javier entró a la universidad armado de una sólida estrategia académica porque sus *padres* lo prepararon muy por adelantado para aprovechar estas oportunidades. Sus padres le dieron el esquema. Sus padres tomaron acciones *a la inversa* a cada paso del trayecto desde Harvard, a la escuela secundaria, a la escuela intermedia, y a la escuela primaria. Sus padres aplicaron los *10 principios de la Mamá Quetzal* y después siguieron los pasos esbozados en este libro para asegurar que Javier llegara a su primer año en la Harvard University.

El pensar a la inversa es un poco como jugar al ajedrez. Hay que pensar varios pasos por adelantado para poder elaborar un plan "a la inversa" para llegar a la meta. Un ejercicio visual útil para "pensar a la inversa" es la creación de un diagrama. Nosotros usamos diagramas para el plan académico de nuestros hijos, y nos ayudó a mantenernos encaminados y a resolver muchos obstáculos. Para crear su diagrama, debe juntar varios documentos de antemano. Estos documentos son:

- La especialidad académica (por ejemplo, ingeniería mecánica). Esto se encuentra normalmente en la página web "Academic Major" de la universidad.
- Los requisitos de preparación para la universidad. Esta es una lista de cursos requeridos o recomendados en la escuela secundaria que generalmente se encuentra en la página de admisiones de la universidad.

- Guías de cursos. Las guías de la escuela intermedia y la escuela secundaria se obtienen de la oficina de consejería o del sitio web de la escuela.
- Programas especializados de kinder al octavo grado (como "Advanced Science", GATE o AVID). Estos se encuentran por lo general en el sitio web de la Oficina de Educación del condado.

¡Sugerencia importante! Lea el Capítulo 8 (*"Establecer un plan de acción"*), específicamente la sección, *Las cuatro grandes*, para aprender las cuatro estrategias que debe incluir en su diagrama.

Una vez que tenga los mencionados documentos, podrá llenar los nombres de los cursos específicos (por semestre y por año), comenzando a la inversa, desde la escuela secundaria, a la escuela intermedia, a la escuela primaria. Este gráfico le ayudará a hacer un esquema de su plan y darle un punto de referencia fácil y visual.

Ahora que entendemos la estrategia de "pensar a la inversa" que utilizó Javier, hay que ver cómo se elaboró la estrategia en cuatro años.

Una muestra de la estrategia de *pensar a la inversa* (los 4 años de secundaria)

En su último año de la secundaria, Javier participó como integrante de la competitiva Space and Engineering Academy, fue presidente de MEChA, miembro de MESA y formó parte de los equipos del Declatón Académico y la Olimpiada Científica. Completó 400 horas de servicio a la comunidad en el Boys and Girls Club y formó parte del elenco de baile folklórico "Xochipilli".

Además de estos prestigiosos méritos, Javier también calificó en las semifinales de la competencia Siemens en las matemáticas y ciencias, e hizo pasantía durante el verano con la Society of Hispanic Professional Engineers (SHPE) el segundo y tercer año de secundaria.

Javier sabía por adelantado cuáles eran los cursos requeridos de preparatoria para la universidad para cumplir con los requisitos de admisión a la universidad (Ver Capítulo 8, *"Establecer un plan de acción"*). No obstante, para calificar como candidato competitivo al programa de ingeniería de Harvard, Javier tenía que haber completado el programa *más riguroso* de matemáticas y ciencias ofrecido en su escuela. Por fortuna, el haberse matriculado en la Space and Engineering Academy le permitió encaminarse a completar el curso de Cálculo avanzado para el último año de la secundaria.

Además de los requisitos académicos, usted también querrá *"pensar a la inversa"* en cuanto a las becas, los programas de liderazgo, y las pasantías. Visite las páginas web de este tipo de programas que correspondan con lo que le interesa a su hijo/a y la especialidad académica que piensa estudiar. Lea las guías y los requerimientos de estos programas para poder *"pensar a la inversa"* y hacer un esquema para ayudar a su hijo/a a ser un candidato muy calificado. Cuando llegue el momento de presentarse, su hijo/a estar preparado para obtener muchas pasantías, becas y programas de liderazgo mientras cursa estudios de secundaria.

Reflexione un momento sobre lo que acaba de leer. Las muestras anteriores de *"pensar a la inversa"* dependen de la motivación de los padres a tomar acción y asumir el papel de promotor de su hijo/a en su carrera académica. Se requiere que los padres crean que su hijo/a tiene todo el derecho a participar en programas muy selectivos y que se merece toda oportunidad académica disponible.

A pesar de esto, en la cultura latina, se nos inculca temprano (en gran parte gracias a nuestra estricta adherencia al catolicismo) que las oportunidades en la vida están "en las manos de Dios" o que resultan de "la voluntad de Dios". Si bien no intento de ninguna manera menospreciar el poder de nuestra religión (yo soy una católica orgullosa), lo que digo es que poner el futuro de nuestros hijos en un dominio abstracto y lavarnos las manos de ello – en vez

Roxanne Ocampo

de reclamar el rol de defensores y hacernos cargo – no ayuda en nada y nos deja en desventaja.

El fiarse de una creencia profética que dice que el destino de nuestros hijos no está en nuestras manos no tiene fundamento en la realidad y es contraproducente. Si bien es cierto que puede ser más conveniente y menos estresante tomar el camino fácil y depender de los maestros o los consejeros para que encaminen a nuestros hijos, yo le insisto que no haga caso de nuestra tendencia latina de diferirnos a los maestros. De lo contrario, siga el consejo en el Almanaque de Ricardo el Pobre escrito por Benjamin Franklin en el año 1757: "Dios ayuda al que se ayuda a sí mismo".

CAPÍTULO 7
Ignacia la ingeniosa

¿Recuerda en la introducción donde conversamos sobre *Rodrigo el resiliente*? Pues, *Ignacia la ingeniosa* es su hermana mayor. Ignacia busca toda oportunidad para ayudar a sus hijos latinos al éxito. Va mucho más allá de la información disponible en la escuela de su hijo/a o en la comunidad educativa. ¡Se excede! Lee libros, investiga páginas web, conversa con los maestros y otros padres de familia, y ¡se mete en las narices de todo el mundo! Así es nuestra Ignacia y así la queremos.

Desafortunadamente, no todos nacemos con la personalidad de una Ignacia la ingeniosa. Por esto, en este capítulo, compartiré seis recursos diferentes que les proporcionan a los padres una ventaja importante en cuanto a aprender a identificar las herramientas, los recursos, los programas y las estrategias para ayudar a sus hijos a tener éxito en el camino hacia la universidad:

- El internet
- Los mentores
- Las organizaciones nacionales
- El personal de la escuela (maestros, consejeros, administradores o directores)
- Los programas especializados
- Los libros

El internet. El internet es amigo de Ignacia, quien empezará su búsqueda por internet con utilizar una estrategia que comparto con los padres llamada "el enfoque embudo". Este enfoque se refiere a comenzar con una investigación reducida para ir expandiéndola después, como con un embudo. En otras palabras, "empezamos por lo local" y avanzamos hacia "lo nacional". Con el enfoque embudo, Ignacia hará una revisión de la información por internet para ver primero las oportunidades locales. Después, al terminar de ver todas las oportunidades locales, se expandirá hacia los recursos a nivel del condado, de la región, del estado y de la nación.

A nivel local, lo probable es que Ignacia encuentre recursos como programas gratuitos en las bibliotecas públicas, incluyendo los clubes de ajedrez y los programas de lectura; cursos especializados ofrecidos por el Departamento de Parques y Recreo, y programas gratuitos que ofrece la Oficina de Educación del Distrito local. A continuación, Ignacia comenzará a buscar programas regionales que podrían ser de interés a sus hijos.

Ejemplos de estos podrían ser un club regional de robótica, una orquesta sinfónica juvenil, cursos de extensión universitarios para los estudiantes de escuela intermedia y secundaria, o programas de fortalecimiento de las latinas en las ciencias, la tecnología, la ingeniería y las matemáticas (STEM por sus siglas en inglés), por nombrar algunos. Por último, Ignacia comenzará a investigar las organizaciones nacionales que puedan tener capítulos locales. Al ir paso por paso para identificar recursos para sus hijos, Ignacia aprenderá sobre otros programas y recursos.

Una estrategia clave para maximizar el recurso del internet es con identificar programas que correspondan con los intereses de su hijo/a. Por ejemplo, si a su hija le interesa la arquitectura, empiece por investigar todo lo que tenga que ver con la arquitectura. Con ingresar la palabra "arquitectura" como palabra clave, comience a conformar un hilo investigativo como "arquitectura, escuela secundaria, latina, Texas". Si no le salen muchos resultados con esta búsqueda, amplíe la investigación con poner solamente "arquitectura y latina". Siempre empiece con una búsqueda reducida y vaya ampliándola para identificar los recursos que correspondan específicamente con los intereses de su hijo/a y con su ubicación geográfica.

Cuando empieza a recoger esta información de las búsquedas por internet, encontrará que hay muchos programas aptos para su hijo pero que actualmente no están a su disposición (por la edad que tiene). ¡No se preocupe! Mantenga una lista actualizada de todos estos programas, las fechas límites que tienen, y los componentes de la solicitud. Estos programas podrían ser pasantías, talleres, posibles mentores, becas, etc. No se preocupe por lo que tiene que hacer con esta información en este momento preciso. Una vez que haya leído el capítulo próximo, "Establezca un plan de acción", usted verá cómo cabe todo esto en su estrategia académica general.

Los mentores. Un mentor es un individuo exitoso quien hubiera recorrido el trecho para llegar al hecho, por decirlo así. Es una persona que puede exponer a su hijo/a a ejemplos de la vida real, darle información objetiva y relevante, y darle a su hijo/a las herramientas básicas que necesita para encaminarse. Los mentores son un recurso crítico para ayudar a los estudiantes latinos alcanzar el éxito en sus metas académicas y profesionales. Los mentores ayudan a nuestros hijos a aprender lo que se requiere para alcanzar sus metas, identificar un camino eficaz para alcanzarlas, y desarrollar estrategias para cada paso del camino. La mayoría de los padres de familia no tienen un conocimiento completo de cada carrera profesional ni cada estudio académico, por lo que es importante que nuestros hijos latinos tengan mentores.

Los mentores hacen más que simplemente establecer una "conexión". Los beneficios resultantes de esta relación están bien documentados, e incluyen el establecer contactos personales para ayudar a nuestros hijos a conocer a profesionales renombrados de la industria, identificar pasantías, presentar a los estudiantes a recursos y organizaciones profesionales, y ayudarles a desarrollar importantes habilidades interpersonales para las entrevistas y la interacción profesional. Con todo esto, uno de los aspectos más importantes de la relación de mentores es la positiva convalidación psicológica que deriva el o la estudiante.

Los programas de mentores están diseñados para ayudar a los estudiantes de varios rubros académicos, sociales y económicos. El primer paso en identificar a un mentor es saber dónde buscarlo. Existen muchas organizaciones nacionales, agencias estatales y programas regionales que ofrecen oportunidades gratuitas. A continuación tiene una muestra de los programas nacionales que ofrecen oportunidades de mentores para estudiantes. Tenga en cuenta que estas organizaciones sirven a los estudiantes desde la primaria hasta secundaria, y de la universidad comunitaria y hasta más allá:

Organization	Website
Ace Mentor Program	acementor.org
Big Brothers/Big Sisters	bbbs.org
City Year	cityyear.org
Girls Inc.	girlsinc.org
Hispanic Alliance for Career Enhancement (HACE)	haceonline.org
Hispanic Heritage Foundation	hispanicheritage.org
Latinas in Stem Foundation	latinasinstem.com
Student Mentor	studentmentor.org

No obstante, el mejor mentor para su hijo/a podrá no estar con una organización nacional o regional. El mentor idóneo para su hijo/a podrá estar en su propia comunidad. Existen muchos profesionales locales quienes desean ayudar a los estudiantes que sean ambiciosos y trabajadores. Yo serví de mentora en el Big Brothers/Big Sisters Program y en el de Friends Outside durante varios años. Los dos estudiantes a quienes ayudé como mentora ahora han egresado de la universidad. Mis hijos también buscaron la guía de mentores cuando cursaban estudios secundarios, en lo que tomaban decisiones críticas referente a ciertas disciplinas de estudio y universidades. Por otro lado, parece que los rasgos importantes de la persistencia y la independencia que aprendemos de nuestra cultura latina obstaculizan nuestra capacidad de extender la mano para pedir ayuda. Por esta razón, aunque resulte incómodo hacerlo, hay que tomar el paso importante de pedir ayuda.

Las organizaciones nacionales. Existen varias organizaciones claves cuya misión es la de ayudar a los estudiantes latinos. Hay una lista completa de estas organizaciones en mi página web, y aquí les pongo *sólo unas cuantas*:

- Conexión Américas
- League of United Latin American Citizens (LULAC)
- Mexican American Legal Defense and Educational Fund (MALDEF)
- National Council of La Raza (NCLR)
- Parent Institute for Quality Education (PIQE)
- Society for the Advancement of Chicanos and Native Americans in Science (SACNAS)

Además, hay otras organizaciones nacionales que no tienen un enfoque particular en los latinos, pero que son muy útiles. A continuación se encuentran algunas de ellas:

Academic Decathlon	National Assoc. of Student Councils
Future Business Leaders of America	National Speech & Debate Assoc.
HOSA – Future Health Professionals	Rotary International
Junior Achievement	Science Olympiad
Mathematical Association of America	Technology Student Association

Al pertenecer a estas organizaciones, se puede tener acceso a programas especializados y oportunidades de pasantías o becas. Además, muchas de estas organizaciones ya tienen establecidos programas formales de mentores. La participación en estos programas ayuda a su hijo/a a desarrollar habilidades de trabajo en equipo, fomenta la confianza en sí mismo/a para hacer presentaciones frente a públicos numerosos, y resulta ideal tenerlos en la solicitud para admisión a la universidad.

El personal de la escuela. Los maestros. Un maestro le puede servir a su hijo/a de maneras más allá de la instrucción del programa académico en clase. Los maestros pueden recomendar a su hijo/a para programas especializados y para premios; les pueden dar cartas de recomendación. Una maestra también puede servir de ejemplo para su hijo/a o ayudarle a navegar el sistema escolar. La mayoría de los maestros ha trabajado con cientos, si no miles, de estudiantes durante su carrera profesional, y pueden ser una gran fuente de sabiduría.

Los consejeros. La mayoría de los estudiantes cree que lo único que hacen los consejeros es revisar los requerimientos de graduación, de preparación para la universidad, o dar vales para saltar cursos. Los consejeros también pueden ser un recurso de valor para su hijo/a por lo que muchas veces están al frente cuando llaman los oficiales de admisiones o son los primeros en enterarse de una beca o un programa de pasantía competitivos. Típicamente los consejeros son los que están en mejor posición para recomendar a los estudiantes a estos programas.

Ya que siempre hay muchos más estudiantes que consejeros, la mayoría no tiene el lujo de reunirse con y desarrollar relaciones personales con todos los estudiantes. Por esta razón, usted debe hacer que su hijo/a programe citas con el consejero por lo menos dos veces al año. Así, cuando llegue el momento, el consejero podrá escribir una carta de recomendación cualificada.

Los administradores o directores de escuela. Los estudiantes olvidan con frecuencia que el director de la escuela intermedia o secundaria tiene el honor de tomar decisiones y de hacer recomendaciones que afectan la carrera académica del estudiante. Por ejemplo, una directora puede seleccionar específicamente (o aprobar la selección) de los estudiantes que pueden dar un discurso principal, de los que pueden servir en una junta o un comité estudiantil especial, o decidir a quién nominar para un programa de liderazgo prestigioso.

Conviene que su(s) hijo(s) intenten entablar una relación personal con el administrador de la escuela. Si bien muchas escuelas intermedias tienen más de 1.500 estudiantes, y algunas escuelas secundarias tienen hasta 3.000 estudiantes, es importante que nuestros estudiantes hagan el esfuerzo de conocer al administrador de su escuela.

Además, que su hijo/a conozca y entable una relación positiva con el superintendente de escuelas. Esta relación le servirá a su hijo/a en el futuro. El/la superintendente puede recomendar a su hijo/a para posiciones prestigiosas dentro del distrito escolar y con frecuencia ofrece a un grupo selecto de estudiantes oportunidades académicas que no conoce o que no están a la disposición de la mayoría del cuerpo estudiantil. Una carta de un/a superintendente puede llevar a su hijo/a muy lejos.

Los programas especializados. Hay muchos programas que están a la disposición de los estudiantes latinos en los años kinder a quinto, y en la escuela intermedia y secundaria. Algunos de los programas son específicos a los estados en los que se dan, otros son programas a nivel nacional. Por ejemplo, el programa Gifted and Talented Education (GATE) es un programa gratuito para las escuelas públicas del kinder al grado 12 en los Estados Unidos. Unos programas a nivel nacional para los estudiantes de secundaria incluyen el Declatón Académico y la Olimpiada Científica.

Cada ciudad, condado, y distrito escolar contará con sus propios programas académicos para los estudiantes. Usted tendrá que investigar los programas que existen y que tienen financiación en su distrito o región geográfica. Una manera fácil de encontrar los recursos locales es con visitar el sitio web de su Oficina de Educación del Condado, pero no limite la exposición de su hijo/a a sólo los recursos que hay en la escuela o en el distrito escolar. Considere llevar a sus hijos a exposiciones, conferencias y ponencias locales.

Los libros. Los libros ofrecen una manera fácil de aprender sobre un tema de interés. Su hijo/a puede usar los libros para considerar varias disciplinas de estudio, para ver muestras de proyectos o programas que han implementado con éxito otras personas (como proyectos de una feria científica o ensayos históricos), o para aprender más sobre un tema en particular.

Yo creo en el poder del conocimiento y en armarnos de cuanta información útil como sea posible. No obstante, el hallar los libros correctos puede resultar frustrante, llevar mucho tiempo, y ser caro. Afortunadamente, existen unas cuantas cosas que podemos hacer para contrarrestar los costos y minimizar el tiempo que pasamos buscando libros de calidad. Primero, podemos visitar por internet los grandes almacenes de libros como Amazon o Good Reads para determinar cuáles son los libros altamente recomendados. Es tan sencillo como ingresar el nombre de un tema en particular, y ver los resultados. Por ejemplo, si usted ingresa "mejor libro para admisiones universitarias para latinos" por Amazon, ¡saldrá "El vuelo de la Mamá Quetzal" como el libro número uno! Una vez que haya identificado los libros aptos, los puede ordenar de su biblioteca pública local. Además, también podemos aprovechar los libros electrónicos que son menos costosos, y otras opciones para descargar por internet.

Usted no faltará la oportunidad de leer artículos, ver el sitio web y la página de Facebook de consejos y otros recursos de Mamá Quetzal:

Website	www.quetzalmama.com
Facebook	facebook.com/quetzalmama
Blog	quetzalmama.blogspot.com

CAPÍTULO 8
Establecer un plan de acción

15 QM	11 QM	28 QM
ESCUELA PRIMARIA (K-5)	ESCUELA INTERMEDIA (6-8)	ESCUELA SECUNDARIA (9-12)

Ahora que ha comprendido el concepto de "pensar a la inversa", aprendido de la sugerencia de "Ignacia la ingeniosa" y está listo/a para "Hacer que el sistema funcione para usted", ya puede establecer su plan de acción. Los componentes de su plan de acción dependerán de la edad y el grado en el que están sus hijos. A continuación tiene una relación de los componentes por orden cronológico.

Kinder a 5to grado (Los años de la primaria del kinder al quinto grado)

- Conocer los estándares de contenido por grado.
- Suplementar las lecciones diarias de su hijo/a.
- Cultivar un lector juvenil: *La regla de leer una hora por día*.
- Mejorar los resultados de las pruebas estandarizadas.
- Identificar los programas especializados.
- Participar en las actividades extracurriculares.

Escuela intermedia (los grados seis, siete y ocho)

- Ver por anticipado los requerimientos para los cursos preparatorios para la universidad.
- Conocer "las cuatro grandes" estrategias.
- Mantener un programa acelerado.

Escuela secundaria

- Concentrarse en el promedio de notas, la posición en la clase, y un programa académico riguroso.
- Hacer una estrategia para los exámenes relacionados con la admisión a la universidad.
- Hacer una estrategia para incluir actividades extracurriculares.

De kinder al quinto grado. Para la mayoría de los padres de familia, estos años pasan volando. Y, para los padres que están en California, el kinder ahora empieza más pronto. Se promulgó recientemente una ley para crear el kinder de transición – una experiencia de kinder de dos años para los estudiantes que cumplen años entre septiembre y diciembre. Este es un programa ideal para los estudiantes que son muy pequeños para empezar el kinder por la fecha en que cae su cumpleaños. Con este programa, aquellos estudiantes avanzan un año más que sus compañeros.

Para ayudar a los padres a comprender lo que deben anticipar, y cómo hacer un plan por adelantado para sus hijos en kinder hasta quinto grado, les pongo aquí unas pautas básicas.

Conocer los estándares de contenido por grado. Al saber *por adelantado* lo que su hijo/a va a aprender durante el año académico le ayudará a preparar a su hijo/a para el éxito. Es igual de importante saber lo que *se debe* aprender y dominar en cada grado. Yo le animo a encontrar el sitio web del Departamento de Educación en su localidad y buscar sus estándares de contenido y el esquema del programa académico adoptado por su estado.

¿Qué son los estándares de contenido académico? Es posible que en su estado lleven otro nombre. Por lo general, se trata de los estándares académicos de kinder al grado doce que describen el contenido de la instrucción, grado por grado. Los estándares de contenido se enfocan en el conocimiento esencial fundamental y las habilidades que su hijo/a debe adquirir en cada grado.

Por ejemplo, si su hijo/a asiste a una escuela pública en California, usted puede obtener los estándares de contenido para cada grado de kinder al grado 12 con visitar el sitio web del Departamento de Educación de California, y buscar allí "grade level curriculum". Además, el esquema del programa académico adoptado por el estado de California para los grados kinder a doce se encuentra en el mismo sitio web bajo "Curriculum and Instruction". Es aquí donde también encontrará los estándares estatales "Common Core" adoptados por la Junta Estatal de Educación.

El saber los estándares del contenido es sólo una parte de la ecuación. Como padre de familia activo, usted también puede ayudar a su hijo/a en el proceso de aprendizaje con suplementar sus lecciones diarias.

Suplementar las lecciones diarias de su hijo/a. Piense en suplementar las lecciones diarias de su hijo/a como una inversión. Sí, es cierto que implica más trabajo para su(s) hijo(s), pero los beneficios académicos que se deriva son numerosos. Yo les animo a los padres a usar herramientas gratuitas (en línea) para suplementar las lecciones diarias de sus hijos. Algunas de estas herramientas incluyen el sitio web www.ixl.com. Este sitio sin igual ofrece ejercicios divertidos e interactivos para los años de kinder al grado ocho. Para cada grado, ponen una lista de las habilidades cognoscitivas requeridas con actividades cronometradas. Además, han puesto una lista de los estándares estatales de los cincuenta estados de los Estados Unidos.

Otra fuente eficaz (y gratuita) para suplementar el aprendizaje de su hijo/a es el sitio web de videos, www.khanacademy.org, que es una organización sin fines de lucro. Este sitio es útil generalmente para los grados 5 y mayores. Desde el día de hoy, la Khan Academy ofrece más de 5.500 videos de instrucción gratuitos y cien mil ejercicios de práctica. Cubre casi todas las materias académicas, incluyendo las matemáticas, las ciencias, la programación informática, la historia, la historia del arte, la economía, y más. Lo que es más, ¡el contenido de sus videos está traducido al español!

La primera clave en suplementar las lecciones diarias de su hijo/a es de establecer un modelo de comportamiento desde los inicios de su carrera académica. Los niños florecen con las rutinas, los modelos y las altas expectativas. Con establecer una regla firme en su hogar – así como 20 minutos de prácticas de matemáticas todos los días, sus hijos se acostumbrarán a esta práctica y se volverá parte de su rutina diaria. La segunda clave es de explicarles a sus hijos por qué están participando en rutinas diarias. Que les quede claro que usted está implementando estas prácticas diarias para ayudarles a estar preparados a asistir a la universidad.

La regla de una hora de lectura por día. El primer paso crítico en suplementar las lecciones diarias de su hijo/a es hacer que lean. La lectura se vincula tan estrechamente con las admisiones a la universidad que yo generé un taller especial llamado *"The One Hour Per Day Reading Rule"*, exclusivamente para los padres latinos con hijos en los grados kinder a quinto. En mi taller, les enseño a los padres el valor que tiene inculcar en sus hijos esta práctica desde muy temprana edad, y también cómo desarrollar y cultivar a un lector ávido.

Para empezar, presente la lectura a sus hijos antes de que entren al kinder, con leerles cuentos y hacer que ellos lean libros de imágenes aptos para su edad. Recuerde, no es tan importante lo que leen, sino que lo importante es que lean y aprendan todos los días. Siempre tenga a la mano libros, para no estar buscando a lo frenético materiales aptos para la edad de sus hijos.

Una vez que sus hijos entren al primer grado, debe usted ir exigiendo, de a pocos, que cada niño llegue a leer por lo menos una hora al día. Comience con que lea 20 ó 30 minutos, vaya subiendo a

45 minutes, y gradualmente llegue a los 60 minutos de lectura al día. Cuando su hijo/a haya llegado al tercer grado, él o ella debería estar leyendo durante una hora al día, como mínimo. Además, se aconseja que haga que sus hijos lean libros de un grado más avanzado que el que cursan actualmente.

¡Hacer que sea interesante! Para asegurarme de tener a la mano siempre libros interesantes para mis hijos, hacía búsquedas por Amazon.com y Goodreads.com, ingresando frases como "Mejores libros para niños de 7 años". Esto lo hice cada año para todos los grados que cursaron mis hijos. Una vez que hubiera identificado los libros, copiaría el nombre para ingresarlo en la búsqueda de mi biblioteca pública local. La gran mayoría de las veces, mi biblioteca local contenía los libros que yo quería en una de las muchas sucursales locales. Yo ordenaba copias que se enviaban a la sucursal más cercana a mi casa. Así, yo les daba a mis hijos libros altamente recomendados y de manera continua, ¡sin gastarme un centavo!

Cuando usted fomenta esta costumbre de leer una hora por día, se expande el vocabulario de su hijo/a y aprende nuevos conceptos, aprende de la geografía, la cultura y la política. El mayor premio, sin embargo, es cuando su hijo/a da el examen del SAT o del ACT en la secundaria. Los estudios indican que aquellos estudiantes que leen de manera voraz y sostenida, salen en el percentil más alto de la sección de Lectura Crítica y Redacción de estos exámenes. Allí lo tiene.

Enfocarse en las prácticas de matemáticas y lectura. Durante el año académico, a su hijo/a le estarán haciendo varias evaluaciones, sin importar a qué nivel esté. Para ayudar a su hijo/a a sacar altas notas en estas evaluaciones, suplemente sus tareas diarias con algunas actividades cronometradas.

Para enriquecer el dominio de las matemáticas, intente con suplementar las tareas diarias de sus hijos con ejercicios de 20 minutos de duración de las tablas de multiplicación y división. Hay muchos modelos de ejercicios gratis por internet – sólo tiene que imprimirlos, tomar el cronómetro y un lápiz y ¡comenzar! Para mejorar las habilidades en la comprensión de lecturas, pida que sus hijos lean un capítulo que seleccione de un libro. Después de completar esta tarea de lectura, hágales una serie de preguntas para determinar su comprensión de la lectura. Las preguntas pueden ser tan sencillas como "¿Cuáles son los nombres de los personajes?" y "¿Cuál fue el tema o problema principal que se discutió?"

Mejorar las notas de las pruebas estandarizadas. Recuerde que su hijo/a habrá aprendido varios conceptos, rúbricas, fórmulas y teorías durante el año académico de 10 meses. Si su hijo/a no practica estos conceptos consistentemente, lo probable es que se olvide las fórmulas, los pasos, y las reglas para el final del año escolar (que es cuando se realizan las pruebas obligatorias del estado). Para ayudarle a su hijo/a a refrescar la memoria y sentirse más confiado/a, le recomiendo las siguientes estrategias.

Primero, al comenzar la primavera, pídale al maestro de su hijo/a pruebas de práctica o que le dé el nombre de una página por internet donde su hijo/a pueda realizar pruebas de práctica para las matemáticas, las artes de lengua/inglés, y las ciencias. Segundo, visite este sitio muy útil: www.ixl.com. Este sitio cubre las normas del contenido desde el prekinder hasta la escuela intermedia. Es un gran recurso porque el contenido IXL corresponde con los estándares Common Core de cada estado y así, es una manera maravillosa de ayudar a su hijo/a a prepararse para los exámenes estandarizados.

Identificar los programas especializados. Para cuando empiece el primer grado, la maestra de su hijo/a habrá comenzado ya a identificar del primero al quinto porcentaje más alto de los estudiantes, para nominarlos para el programa de estudiantes intelectualmente "dotados" de su distrito escolar. Si usted cree que su hijo/a, en kinder, tiene posibilidades de ser candidato/a futuro de un programa de estos, lea el capítulo 5, *"Haga que el sistema funcione para usted"*, para mayor información.

En California, el programa se denomina "GATE", que significa en inglés, Gifted and Talented Education (Educación para los dotados y talentosos). Es posible que en su estado lleve otro nombre. Por ejemplo, en Massachusetts, se llama "Academically Advanced Education" (Educación académicamente avanzada); en Iowa se llama, "Gifted and Talented", y en la Florida, se llama "Gifted Education".

En este capítulo, usaré las siglas "GATE" para indicar cualquier programa para estudiantes dotados y talentosos en su región. Un programa GATE expondrá a su hijo/a a un programa académico más avanzado y riguroso, y estará rodeado/a de otros estudiantes de altos logros académicos. No obstante, en mi opinión, el mayor beneficio que recibirá su hijo/a de participar en cualquier programa para estudiantes dotados, es la "palmada" simbólica en el hombro. Cuando se valoriza la inteligencia de nuestros hijos latinos con la etiqueta de "dotados", es un hecho que cumplirán con rendir de acuerdo con sus habilidades.

Si su hijo/a es lo que se denomina English Language Learner (ELL – persona que aprende el inglés) es importante que el maestro de su hijo/a no se fíe sólo de la habilidad de su hijo/a de expresar sus cualidades de inteligencia dotada en inglés. Por desgracia, nuestros hijos ELL se ven enfrentados con sobreponerse al prejuicio que el no hablar bien inglés significa que no tiene habilidades académicas. Los estudios indican que los padres son los que mejor saben identificar las dotes de sus hijos. Por ende, si usted cree que su hijo/a que está aprendiendo inglés, tiene altas posibilidades académicas, pida que se evalúe a su hijo/a con una evaluación que no se limite al idioma inglés. Recuerde, la expresión de la creatividad (en el sentido material), la habilidad matemática, el liderazgo, la memoria, o cualquiera de las formas que se han adoptado para identificar lo "dotado", ¡no tiene que ser expresado en inglés!

Padres de familia, tengan en cuenta que nuestros hijos latinos, así como los niños de otros grupos históricamente poco representados, siguen sin estar correctamente representados en los programas de estudiantes "dotados". Este error se multiplica cuando las herramientas de evaluación parten exclusivamente de la perspectiva de la cultura dominante.

Cuando vivíamos en Dublin, California, nuestra hija, Gabi, salió "evaluada" como para participar en el programa GATE. Una de las pruebas era para determinar sus habilidades de liderazgo. Para evaluar estas habilidades, el que administró la evaluación le dio a Gabi el siguiente supuesto: Ella estaba a cargo del "personal de limpieza" en su escuela. Su trabajo era estar segura que se limpiara "la suciedad". Sin lugar a dudas, este tema le causó a Gabi sentirse incómoda y cohibida. Dado el hecho que Gabi, a esa edad (segundo grado) era bastante tímida, su estrategia para limpiar "la suciedad" en su escuela probablemente era diferente de la de sus compañeros (quienes podrían haber sido extrovertidos, con una disposición más agresiva).

En la cultura latina, no necesariamente consideramos que las cualidades de liderazgo sean dictatoriales, bulliciosas o exigentes. En realidad, yo diría que es lo contrario – que los latinos normalmente usamos formas democráticas para alcanzar una meta comunitaria. No sé si Gabi no aprobó esta evaluación en particular, pero sí sé que le confundió el supuesto que le presentó el administrador. Me preguntó por qué le dijeron que tenía que ser empleada de limpieza. Mi punto es que algo que pareciera ser una indicación o una confirmación de liderazgo con frecuencia se fundamenta en "normas" culturales y prejuicios. Por esta razón, los padres latinos tienen que estar alerta para lograr que sus hijos sean evaluados correcta y justamente.

Participar en las actividades extracurriculares. Alrededor del tercer grado, muchos estudiantes comienzan a participar en las actividades extracurriculares. Estas actividades pueden incluir el concurso de ortografía anual, el club de ajedrez, el club de teatro, la competencia de la feria de las ciencias, etc. Se encuentra una explicación con mayor detalle y una estrategia para las "actividades extracurriculares" en el capítulo 13, titulado *"Actividades extracurriculares"*.

Además de las actividades extracurriculares y las competencias en el recinto escolar, es probable que existen competencias para estudiantes patrocinados por el distrito escolar o el condado. Para determinar qué programas hay en el condado en el que vive usted, visite la página web de la Oficina de Educación de su condado para ver los enlaces a los sitios web de los programas. Como reciben fondos públicos, la existencia de estos programas será promocionada y estarán abiertos a todos los estudiantes que expresen interés o que califiquen. Estas actividades orientadas hacia los años de kinder hasta el octavo grado, no suelen ser tan competitivas como las de la escuela secundaria. Para los estudiantes que tienen habilidades o talentos especiales, también existen competencias académicas a nivel regional y nacional financiadas con fondos privados. Por ejemplo, el reto Dupont Challenge se trata de una competencia de redacción para los estudiantes del grado siete al grado doce, que tengan interés en la ciencia.

Recalco aquí la importancia de estas actividades extracurriculares y competencias por tres razones: (1) Ayudarán a su hijo/a a explorar temas más allá del salón de clase; (2) ayudarán a su hijo/a a prepararse para las competencias de mayor nivel en la escuela intermedia y secundaria; y lo más importante (3) su hijo/a aprenderá a tener más confianza en sus habilidades.

¿Qué ocurre si su hijo/a sufre de timidez, de ansiedad de rendimiento, o prefiere no presentarse frente a otros? Esto le ocurrió a nuestro hijo Emilio durante su primer concurso de ortografía. En la fila esperando registrarse para que le colocaran el número en la camisa, se le veía temblar de miedo. A mi esposo y a mí nos sorprendió su comportamiento, y sentimos su dolor cuando se acercó al podio. Cuando pronunció la primera palabra del concurso, le temblaba la voz y tenía los ojos llenos de lágrimas. Nosotros mantuvimos una expresión positiva en el rostro, y le dimos aliento con el gesto de los pulgares alzados, sabiendo que íbamos a tener que trabajar con él. En vez de rendirse y ceder cualquier actividad futura que implicara subirse a un escenario, nos pusimos a pensar. Nuestra solución fue encontrar un equipo de discurso y debate y registrarlo. ¡Fue más fácil decirlo que hacerlo!

¿Recuerda que en el capítulo 7, *"Ignacia la ingeniosa"* recomienda usar el internet como una herramienta de recursos? Es precisamente lo que hice yo. Busqué el programa de discurso y debate más cercano. Por desgracia, la ida y vuelta del programa más cercano tomaría 3 horas. Pero debe volver a leer el principio de la Mamá Quetzal: "El principio de la Mamá Quetzal es la creencia que su hijo/a tiene un propósito mayor en la vida, que está obligado/a a realizar este propósito, y que **usted hará todo lo posible para que su hijo/a logre ese propósito"**.

Quiero recalcar el que "usted hará todo lo posible para que su hijo/a logre este propósito" para recordarle que "todo lo posible" a veces implica mucho trabajo, tiempo, recursos, y sacrificios. Después de investigar este programa de discurso y debate en particular, nos dimos cuenta que contenía beneficios excepcionales para Emilio.

Primero, el director general era entrenador renombrado a nivel nacional de discurso y debate. Segundo, sabíamos que al participar en el programa, Emilio perdería su temor a hablar en público. Por último, Emilio conocería a otros estudiantes talentosos y aprendería habilidades de mucho valor. Después de participar seis meses en el programa, Emilio perdió el miedo a presentarse ante un público. Como consecuencia, se presentó numerosas veces frente a varios públicos y hasta se unió al club de teatro de su escuela.

Si bien a mi esposo y a mí no nos resultó ni conveniente ni eficaz en términos de nuestro tiempo pasar tres horas en auto y otras cuatro horas esperando a Emilio mientras participaba en el taller (un total de 7 horas cada sábado), fue una gran inversión en su futuro. Si usted encuentra oportunidades para sus hijos que no están en su región o que implican una gran inversión de tiempo, piense en el impacto que tendrían para el futuro de su hijo/a. ¡Vamos, Mamás Quetzales! ¡A redoblar los esfuerzos!

Cuarto grado – *Pensar a la inversa*. En la próxima sección, usted leerá sobre el momento crítico que resulta ser para los padres de familia el quinto grado. Aún así, antes de leer sobre las fechas límite en el quinto grado, primero debemos ponernos el sombrero del *"pensar a la inversa"* para asumir la mentalidad correcta y tomar acción.

Al comenzar la primavera del año en que cursa cuarto grado su hijo/a, comience usted a *pensar a la inversa*, partiendo de la escuela intermedia. En la próxima sección aprenderá rápidamente cuántas decisiones tendrá que tomar usted antes de la primavera del año en que su hijo o hija cursa el quinto grado. Estas decisiones surtirán un impacto sobre el éxito de su hijo/a en la escuela intermedia y en la secundaria.

Por ejemplo, sabiendo que su hijo/a tendrá muchas opciones – incluyendo las de los programas de la escuela intermedia pública, escuelas privadas o católicas, escuelas "chárter", escuelas "magnet" y academias especializadas, tendremos que *pensar a la inversa* para estar preparados. A continuación se encuentran algunas tareas que considerar:

- Buscar soluciones para los prerequisitos (el promedio de notas, los requerimientos del curso) para los programas especializados;
- Desarrollar relaciones con maestros o directores de escuela (Cartas de recomendación);
- Determinar los criterios de calificación para las becas en las escuelas privadas o católicas;
- Identificar las notas necesarias de las pruebas para asistir a las escuelas "magnet" o academias competitivas;
- Inscribirse en un curso de preparación o con tutores para salir con una calificación competitiva en los exámenes de evaluación.

El quinto grado es una coyuntura crítica – La transición de la escuela primaria (de kinder al quinto grado) a la escuela intermedia (del sexto al octavo grado) llega desapercibida para muchos padres de familia. De repente, ya es la primavera del año en que cursa el quinto grado su hijo/a. Usted se da cuenta de esto cuando su hijo/a trae de la escuela un boletín que le recuerda que debe inscribirlo/la en la escuela intermedia para una fecha específica. Lo que es más, usted debe seleccionar el programa de clases. Tiene la responsabilidad de tantas decisiones: ¿Habría que inscribir a su hijo/a en la escuela intermedia determinada para su zona? ¿Qué de las escuelas "charter" o las academias especializadas? ¿Es su hijo/a un candidato competitivo para ingresar a las escuelas privadas o católicas? ¿Qué de los programas "magnet"? ¿En cuáles de las clases pondrán a su hijo/a? ¿Debe tomar exámenes de evaluación de nivel? ¿Va por el camino de los cursos requeridos para entrar al programa de preparación para la universidad en la secundaria?

Padres, no se preocupen, tienen aquí a la Mamá Quetzal para ayudarles. Yo quiero que sepan que si hacen una cosa antes que su hijo/a llegue al quinto grado, estarán preparados. Quiero que tomen un gran lapicero rojo para trazarle un círculo al primer día después de las vacaciones del segundo semestre del quinto grado de su hijo/a. Esta fecha debe caer en enero. ¿Por qué enero? Porque cada año la fecha límite cae en febrero para entregar la solicitud a la mayoría de los programas, academias y loterías.

Típicamente, febrero es cuando casi todas las escuelas públicas piden programa/matrícula en clases, verificación de matrícula para escuelas designadas, y solicitudes para muchos programas de escuela y academias. Para ayudarle a prepararse para las fechas límite más comunes, pongo para su consideración las siguientes tareas:

La escuela intermedia. En un abrir y cerrar de ojos su hijo/a se estará graduando de la escuela primaria para ingresar a la escuela intermedia, o graduándose de la escuela intermedia para ingresar a la escuela secundaria. Este periodo pasa volando. Por desgracia, muchos estudiantes no están preparados para esta transición tan rápida. Mucho antes que complete su hijo/a el sexto grado, usted tendrá que hacerle un esquema de los requerimientos de la escuela secundaria.

Es en este momento en el que usted hará una estrategia para determinar el camino, la academia o el programa preparatorio para la universidad (AP o IB) que seguirá su hijo/a en la escuela secundaria. Al saber por cuál de estos caminos irá, usted podrá identificar el programa de clases, las actividades extracurriculares, y los concursos que harán de su hijo/a un candidato competitivo a la universidad.

Anticiparse a los requerimientos del programa preparatorio para la universidad. ¿Qué son los requerimientos del programa preparatorio para la universidad? Son los cursos que llevan los estudiantes en la escuela secundaria (con una nota de C o mayor) para cumplir con los requerimientos generales de calificación para ingresar a la universidad. ¿Por qué les hablo ahora de la escuela secundaria? Recuerden que para estar preparados debemos "*pensar a la inversa*". Mucho antes de hacer la transición hacia la escuela secundaria, su hijo/a debe estar encaminado correctamente cuando ingresa a la escuela intermedia.

Determinar cuáles son los requerimientos del programa preparatorio para la universidad en su estado. En California, nos referimos a estos requerimientos como los requerimientos "A—G". La mayoría de las universidades estatales y privadas de cuatro años tienen en su sitio web los cursos predeterminados de preparación para la universidad. Una vez que usted sepa cuáles son los requerimientos, debe determinar si existen cursos de prerequisito a estos cursos preparatorios para que su hijo/a los tome en la escuela intermedia.

A continuación se describe un ejemplo de los requisitos de la materia "A- G" para los sistemas universitarios estatales, California State University y la University of California. ¡Nótese! Cada escuela secundaria tendrá sus propios requisitos de graduación, además de estos requisitos de las materias. Las universidades selectivas normalmente recomiendan cursos que exceden estos requisitos mínimos.

A—G	California State University y University of California	Lo mínimo	Lo recomendado
A	Historia/Cívica	2 años	
B	Inglés	4 años	
C	Matemáticas	3 años	4 años
D	Ciencias con laboratorio	2 años	3 años
E	Lengua extranjera	2 años	3 años
F	Artes visuales y dramáticas	1 año	
G	Cursos electivos	1 año	

Yo les animo a los estudiantes a poner su enfoque en los requerimientos del programa preparatorio para las universidades competitivas, y no enfocarse en los requerimientos mínimos para ingresar a la universidad. Esta estrategia permitirá que su hijo/a tenga mayores oportunidades y opciones cuando llegue la hora de solicitar ingreso a las universidades. No obstante, si las habilidades y los intereses de su hijo/a no corresponden con lo que ofrece una universidad competitiva, su enfoque debe ser los requerimientos mínimos para ingresar.

Conocer las cuatro grandes estrategias. A continuación se encuentran cuatro estrategias simultáneas que su hijo/a debe tener en cuenta en la escuela intermedia, para poder aprovechar un máximo de opciones para entrar a la universidad:

Las cuatro grandes
(Cuatro estrategias simultáneas)

Los requerimientos para la graduación
Los requerimientos de preparación para la universidad
Los requerimientos para las universidades privadas o competitivas
Los requerimientos específicos a la disciplina que quiere estudiar

Imagínese el reto de lograr las cuatro estrategias de manera simultánea, y no es ninguna sorpresa lo difícil que les resulta a los estudiantes. De manera simultánea, los estudiantes deben saber lo que se requiere para graduarse de la escuela secundaria, para cumplir con los requisitos de admisión a la universidad, para cumplir con los requisitos de admisión a las universidades privadas, y para cumplir con los requisitos para cursar estudios en la disciplina de su interés.

Es un buen momento para pausar, y volver a revisar los puntos principales del Capítulo 6, *"Pensar a la inversa"*, antes de comenzar a formular una estrategia con los cuatro requerimientos mencionados arriba.

Por ejemplo, considere el caso de "Javier" quien piensa entrar al programa de ingeniería y ciencias aplicadas de la universidad de Harvard. Para graduarse de su escuela secundaria, Javier sólo tiene que completar dos años de matemáticas (el nivel mínimo aceptable es Álgebra I), mientras que los requerimientos de preparación para la universidad en las matemáticas incluyen tres años de matemáticas (el nivel mínimo aceptable es Álgebra II).

Sin embargo, no sería realista pensar que Javier fuera un buen candidato para un programa de ingeniería universitario sin llevar cursos de matemáticas más avanzados. En su estrategia, la meta de Javier tendría que ser completar Cálculo AP o IB antes de graduarse (lo ideal sería completar ambas secciones AB y BC).

Así no sea usted profesional en las matemáticas, en la mente debería estar calculando cómo podría Javier completar ambas secciones de Cálculo AB y BC antes de graduarse. Si hace una revisión rápida, sabrá que esta meta requiere que complete cursos de geometría, Álgebra II, precálculo, Cálculo AB y por último, Cálculo BC, que representan cinco (5) años de cursos. ¿Cómo es posible lograr esto?

Javier implementó la estrategia esbozada en el Capítulo 6, *"Pensar a la inversa"*. Se saltó un año de preálgebra con retar el programa de clases y dar un examen de equivalencia, tal como se esboza en el Capítulo 5, *"Haga que el sistema funcione para usted"* Al hacer esto, pudo completar el curso de geometría en el octavo grado. Cuando comenzó el noveno grado, que es el primer año de la secundaria, ya estaba inscrito en el curso de Álgebra II.

Otro ejemplo: Digamos que Marisela piensa estudiar la disciplina de Chicano/Latino Studies en la Universidad del Sur de California (USC). En la escuela secundaria, se le requiere sólo tomar un año de lenguas modernas para cumplir con los requerimientos de graduación, mientras que los requerimientos de preparación para la universidad estipulan dos años (tres años recomendados). Pero, para ser candidata competitiva al programa de USC, sería óptimo que Marisela llevara cuatro años de español (incluyendo español AP o IB) y dar la prueba de materia de español en el examen del SAT.

Cada situación es diferente, entonces debe crear un plan de acción que refleje las metas particulares de su hijo/a. El punto es estar informados referente a las cuatro grandes estrategias antes de inscribirse en la secundaria.

Mantener un programa acelerado. Un programa de estudios acelerado para su hijo/a en la escuela intermedia implica que él o ella avanzará por la escuela intermedia a un paso más rápido que sus compañeros que sigan un programa tradicional. Este plan de acción permitirá que su hijo/a salte ciertos aspectos del programa de estudios para poder completar algunos cursos de prerequisito de la escuela secundaria *antes* de entrar a la secundaria. Esta estrategia favorece a aquellos estudiantes que quieren llevar el programa de estudios más avanzado a su disposición en la escuela secundaria. Se encuentra una explicación detallada, con ejemplos, en el Capítulo 5, *"Haga que el sistema funcione para usted"*.

La escuela secundaria. En la tercera sección de este libro, el Capítulo 20, *"Los cronogramas de la escuela secundaria de un vistazo"*, se encuentra un resumen general de lo que debe completar el o la estudiante de secundaria cada año escolar. No obstante, en esta sección, cubriremos una serie de estrategias que abarcan las actividades tanto académicas como las que no son académicas, las cuales pondrán a su hijo/a en la posición más competitiva para admisión a la universidad.

Si usted siguió lo expuesto en los capítulos, "Hacer que el sistema funcione para usted", "Pensar a la inversa", "Ignacia la ingeniosa", y "Establecer un plan de acción", a lo largo de los años de kinder a quinto y escuela intermedia de su hijo/a, entonces el darse el brinco a la escuela secundaria "¡es pan comido!"

Enfocarse en el promedio de notas, la posición en la clase, y un programa de estudios riguroso. Además de concentrarse en las cuatro grandes estrategias, su hijo/a debe enfocarse principalmente en el promedio de notas (GPA por sus siglas en inglés). Para ser candidato competitivo para entrar a la universidad, su hijo/a debe sacarse cuantas nota "A" como sea posible.

Qué no daría yo por tener una estrategia secreta para ayudar a su hijo/a a sacarse un promedio de 4.0. Por desgracia, no tengo. La verdad es que el sacarse un promedio de notas alto se debe sencillamente al esfuerzo. Si su hijo/a está dispuesto/a a dedicar muchas horas al estudio, con tutores si es necesario, o con unirse a un grupo de estudio, tendrá muchas más posibilidades de mejorar su promedio de notas.

El promedio de notas es, comprensiblemente, uno de los factores críticos en la consideración de la admisión a la universidad. No importa que su hijo/a haga una estrategia inteligente de participar en actividades extracurriculares, de asumir posiciones de liderazgo en la escuela, y de completar 100 horas de servicio comunitario cada año, si su promedio está por debajo del 3.0, no es probable que se le considere candidato competitivo para entrar a la universidad.

Las universidades comunitarias y las de cuatro años selectivas revisarán con detenimiento el promedio y posición en la clase de su hijo/a. ¿Qué significa posición en la clase? Es un método que utiliza el registrador de la escuela secundaria para calcular el "ranking" de su hijo/a comparado con el resto de la clase. Por ejemplo, en la escuela Merrill F. West High School, Carlos y Gabi estaban en una promoción de 735 estudiantes. Una posición de 1/735 implicaría que este estudiante posee el promedio de notas más alto de toda la clase.

Muchas universidades competitivas reclutarán a estudiantes de entre el 5 por ciento más altos del último año de la secundaria. En este escenario, significaría que el "ranking" de los estudiantes en las posiciones de 1 a 36 estaría en el 5 por ciento más alto. Recuerde que las universidades renombradas (llamadas "Ivy League" en inglés) estarán viendo el promedio ponderado al considerar la posición que ocupa el estudiante en la clase. La razón por esto es que el promedio ponderado considera y da peso a los cursos de honores, y los cursos avanzados de AP/IB (considerados los más difíciles).

La posición en la clase y el rigor del programa de estudios van de la mano. Las universidades selectivas buscan a estudiantes que se hubieran puesto retos con cursar el programa académico más riguroso a su disposición. El programa académico más riguroso se refiere a cursos difíciles como los de honores, los avanzados (AP o Advanced Placement) y los de International Baccalaureate (IB). Para determinar cuál de los cursos se ofrece en la escuela secundaria de su hijo/a, pregúntele a un consejero o busque un catálogo por internet en la página web del departamento de consejería de la escuela.

También tenga en cuenta que el o la estudiante admitido/a a las universidades más selectivas habrá llevado como promedio ocho (8) cursos AP o IB. Mis hijos llevaron 10 cursos AP en la escuela secundaria – lo cual les sirvió de mucho para el perfil académico.

¿Suena dificilísimo, no? Sin embargo, la realidad es que los estudiantes más competitivos estarán rellenando sus carteras académicas con registrarse en muchos cursos AP o IB. ¿Qué hacer si la escuela secundaria de su hijo/a no ofrece un programa integral de cursos AP o IB? En ese caso, las universidades no evaluarán negativamente el perfil del estudiante porque sencillamente no se ofrecían los cursos.

Tenga una estrategia para los exámenes relacionados con la admisión a la universidad. Una explicación muy detallada y estrategias para dar los exámenes del PSAT, SAT/ACT, y los de materia del SAT, y las pruebas de los cursos AP/IB se encuentran en el Capítulo 14, *"Exámenes de admisión a la* *universidad*". Lo que debe saber es que existe una estrategia en cuanto a la programación y la preparación para estos exámenes.

Tenga una estrategia para las actividades extracurriculares. Mientras se enfoca en las cuatro grandes estrategias y el promedio de notas más alto posible, ayude a su hijo/a a enfocarse en estas tres áreas de actividades extracurriculares: el liderazgo, el servicio a la comunidad, y las pasantías. Revise el Capítulo 13, "*Actividades extracurriculares*".

El liderazgo. Como instructora de estrategias para entrar a la universidad, se me hace más evidente cada año que pasa que las actividades de liderazgo tienen mayor peso comparadas con otros factores. Los estudiantes de mis talleres que participan más en actividades de liderazgo casi siempre salen mejor que sus compañeros con promedios de notas y de los exámenes SAT/ACT similares a la hora de recibir ofertas de admisión a las universidades.

Durante el primer año de la escuela secundaria (freshman year en inglés), asegúrese que su hijo/a se una a una organización escolar – **de preferencia con tendencia latina.** El primer año de participación en esta organización le ofrecerá familiaridad con la estructura de la organización, sus actores principales, y le permitirá demostrar sus habilidades de liderazgo. Cuando pase al siguiente grado (sophmore year en inglés), estará preparado/a para ser candidato a una posición de autoridad dentro de la misma organización. Tal vez sea la posición de secretario/a, tesorero/a, relaciones públicas, o hasta vicepresidente. Debe seguir este mismo modelo hasta terminar la escuela secundaria. La meta es llegar a ser elegido/a a la mayor posición posible (presidente) para otoño del último año de secundaria.

Con esta estrategia, el equipo de admisiones sabrá tres cosas sobre su hijo/a: (1) que está comprometido/a con una organización y que tiene disciplina y asume la responsabilidad de hacer seguimiento; (2) que cuenta con mucho respeto de sus compañeros quienes perciben que él o ella es un líder, ya que han elegido a su hijo/a a un alto cargo en la organización; y (3) que es auténtico/a en términos culturales, ya que participa con una organización que promueve el orgullo de la herencia étnica.

¿Qué ocurre si tal club no existe en la escuela secundaria de su hijo/a? En este caso, él o ella debería proponer la formación de un nuevo club al director o vicedirector de la escuela, y obtener los estatutos, para entender cómo establecer un club de esta índole. En otros casos, es posible que esté ya establecido un club en la escuela, pero no hay consejero disponible para ayudar a administrarlo en un año en particular. En este caso, usted (padre/madre de familia) puede ofrecer ser el consejero del club. Esto requerirá someterse a una revisión de antecedentes penales, y si se requiere transporte, prueba que tiene una licencia de conducir válida y seguro de automóviles. Consulte con el director de la escuela, lea los estatutos, y ayude a sus hijos a sobreponerse a cualquier obstáculo que pudiera prevenirles la participación en cargos de liderazgo.

Servicio a la comunidad. Lo ideal sería que su hijo/a invierta un mínimo de 100 horas de servicio a la comunidad por año de la secundaria, para terminar con un total de 400 horas cuando se gradúe. El completar este trayecto impresionante de servicio le realzará el proceso de solicitud a la universidad, beneficiará a la comunidad, y le abrirá el paso a muchas becas. Suena mucho decir 100 horas por año; no obstante, si su hijo/a completa el servicio durante los meses de verano, se puede completar en cuestión de dos o tres semanas.

Muchos estudiantes no aprovechan la oportunidad de formar una estrategia con la mayor eficacia para lograr el servicio a la comunidad. Para mayor información sobre las estrategias aplicables al servicio a la comunidad, vea el Capítulo 13, "*Actividades extracurriculares*". Una vez que su hijo/a haya identificado una oportunidad de hacer servicio, debe quedarse con ese programa durante los cuatro años de secundaria.

Por ejemplo, si su hijo, Julio, aspira especializarse en las ciencias políticas en la UCLA (con la meta final de asistir a la escuela de derecho), entonces debería realizar servicio a la comunidad que tenga relación con sus metas académicas y profesionales. ¿Cómo se ve esto? Julio debería ser voluntario en alguna organización política local que apoye la comunidad latina. Por ejemplo, podría ser voluntario de El Concilio Para Los De Habla Hispana o de un capítulo local de MALDEF (Mexican American Legal Defense and Education Fund). Así, Julio ganará experiencia de primera mano, estará expuesto a la profesión que le interesa, y ayudará a otros dentro de su comunidad. ¡No tiene pierde!

Aquí tiene otro ejemplo. Digamos que Alejandra aspira ser Enfermera Registrada (RN por sus siglas en inglés), y estará solicitando admisión a un programa de enfermería en una universidad selectiva. Para su servicio a la comunidad, deberá hacer voluntariado en su clínica u hospital local, o ser voluntaria de una organización que ofrece servicios educativos referente a la salud a la comunidad latina.

Pasantías. Una pasantía (internship en inglés) es un programa de verano (o en algunos casos dura el año escolar) que ofrece un enfoque específico (como la medicina, el derecho, etc.) en el que su hijo/a está expuesto/a a la disciplina que piensa estudiar. Puede ser un proyecto de investigación, instrucción especializada, capacitación, o un conjunto de varias actividades. Con frecuencia la pasantía incluye una meta que completar, y a veces los estudiantes presentarán su proyecto a las autoridades dentro de su disciplina. La pasantía puede ser pagada o voluntaria, de corto plazo (dos semanas) o de verano (ocho semanas). También podrá constar de un equipo de pasantes o ser individual.

Si su hijo/a desea entrar a una universidad competitiva, comience con la estrategia de hacer pasantías de verano tan pronto como en el noveno grado. Mi sitio web contiene una lista de programas de pasantía para los estudiantes de secundaria; casi todos se dirigen hacia los estudiantes poco representados. Algunas de los programas de pasantía a nivel nacional son muy competitivos y ofrecen vivienda, alimentación, y un estipendio. Otros son programas regionales con pocos participantes y no ofrecen estipendio. Tenga en cuenta que una pasantía también puede ser un programa informal en el que su hijo/a realiza investigación independiente guiado/a por un mentor.

A modo de ejemplo, como Gabi sabía que quería entrar a un programa competitivo de ciencias biológicas, se dedicó a obtener una pasantía cada año de la secundaria. Durante el verano de su primer año de secundaria, participó en un programa relacionado con la medicina en la UCLA. Durante el verano de su segundo año, participó en una pasantía pagada, realizada durante ocho semanas en la Escuela de Medicina de la UC San Diego. Por haber adquirido experiencia en la investigación al trabajar en laboratorios los primeros dos años, el tercer año fue seleccionada para participar en el programa de investigación médica de verano de la Stanford University (SIMR por sus siglas en inglés). Durante este programa de verano, realizó investigaciones en el Instituto de Neurociencias y tuvo el privilegio de trabajar junto con los más renombrados neurólogos y cirujanos del cerebro. En mi opinión, el enfoque especializado de sus programas de investigación de verano hizo que ella fuera una candidata excepcional para ser admitida a una de las universidades renombradas (denominadas Ivy League en inglés).

¿Qué ocurre si no puede identificar ningún programa de pasantía formal en su localidad? En este caso, su hijo/a puede hacer una de dos cosas: puede identificar programas más allá de su región o puede crear un programa de pasantía independiente. ¿Cómo haría esto? Muchos profesores universitarios locales administran laboratorios, cuentan con financiación para realizar investigaciones especializadas, o necesitan estudiantes para ayudarles con varios proyectos a lo largo del año.

Su hijo/a puede comunicarse con un profesor local para pedirle la oportunidad de reunirse en persona para conversar sobre una propuesta de pasantía. Por ejemplo, una profesora de ciencias políticas podría estar realizando un estudio y requiere de la ayuda de un/a estudiante para organizar y documentar los datos recopilados. O quizás un profesor local de ciencias biológicas está realizando investigación para escribir un libro. El profesor podría necesitar uno o dos estudiantes para ayudarle a realizar experimentos de laboratorio sencillos o para recopilar datos científicos.

Como verá, existen muchas, pero muchas, oportunidades para crear una pasantía cuando no existe. La meta de esta clase de pasantía no es el pago ni el estipendio. La meta es que su hijo/a gane experiencia de primera mano y que esté expuesto/a a la disciplina que le interesa. Una pasantía que figura en la solicitud de admisión a la universidad ayudará a hacer que el estudiante se destaque de entre los miles de candidatos a la universidad.

Usted preguntará, ¿y qué de los deportes? Esta pregunta me la hacen con frecuencia los estudiantes y sus padres. ¡Son fantásticos los deportes! Yo abogo por los deportes con una condición: ¿Puede su hijo/a atender con facilidad todas las actividades extracurriculares (de liderazgo, servicio a la comunidad, etc.) a la vez que mantiene un promedio de notas impresionante? Si la respuesta es "Sí", entonces, ¡adelante!

Pero, las actividades deportivas requieren una gran inversión de tiempo y podrán quitar preciosas horas del estudio. Mis hijos participaron en los deportes de equipos que representaban su escuela cada año de la secundaria. Yo, por mi parte, les seguí de cerca las notas para asegurar que no se desviaran. Si se hubieran caído sus notas, no habría permitido que siguieran participando en el deporte. Si bien existen importantes becas para los atletas "estrella", a menos que su hijo/a tenga dotes extraordinarias para el deporte, es más sabio darle un enfoque a las notas.

CAPÍTULO 9
Herramientas eficaces para las mamás latinas

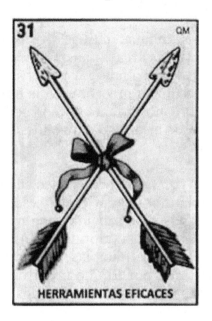

La educación no la valoramos.
No somos participantes.
Somos deficientes.

Estas falsedades representan mitos que de alguna forma han perdurado. Estos mitos inundan nuestros salones de clase, nuestras comunidades, y la mente de jóvenes impresionables. Nosotros vivimos en carne propia estos mitos cuando se nos pregunta:

¿Por qué no asiste simplemente a la reunión de la PTA?
(Sería para usted una prioridad si en verdad le importara)

¿Por qué no hace de voluntario/a
en el salón de clase de su hijo/a?
(Supongo que piensa que es nuestro trabajo
el atender al éxito académico de su hijo/a)

¿Por qué no aprende inglés?
(No valoramos ni su cultura ni su lengua. Elimínelas.)

A nosotras, las mamás latinas, se nos dice que somos deficientes en casi todas las áreas: no contamos con el dinero como para ayudar a nuestros hijos a navegar por el sistema educativo; no levantamos la voz ni estamos presentes en la escuela; no contamos con el idioma ni con el conocimiento para ayudar a nuestros hijos a ser exitosos; no le damos prioridad a que nuestros hijos asistan a la universidad.

Esto lo escucho con frecuencia. Lo leo en artículos. Lo oigo de padres que no son latinos, y encuentro esta suposición en las investigaciones. Pero nosotros sabemos que no es cierto y que no tiene mérito alguno. Nosotros sí valoramos la educación, pero se nos hace difícil darles a nuestros hijos las herramientas para solicitar admisión a la universidad por lo que nosotros no pasamos por el proceso de admisiones a la universidad en los Estados Unidos. La educación de nuestros hijos sí es una prioridad pero no podemos asistir a las reuniones de los padres y los maestros (PTA por sus siglas en inglés) porque estamos ocupados durante el día con el trabajo para mantener a la familia. Nuestros hijos sí nos importan muchísimo, y nos presentaríamos como voluntarios en sus salones de clase, salvo que muchas veces no nos dan la bienvenida y no nos valoran.

¡Qué conveniente! Este modelo de deficiencia convenientemente permite que las instituciones educativas, las políticas gubernamentales y las personas privilegiadas desvíen la culpabilidad por la carencia de estudiantes latinos en las universidades, dirigiéndola hacia nosotros, los padres de familia. Esta es una manera conveniente y simplista de ver el tema complejo e histórico de la actual brecha académica en la educación superior.

Pero, ¡usted sí puede, mamá! Con este libro no se trata de ser víctimas ni llorones. La intención de este libro es de facultar a los padres – que comprendan los obstáculos y los sobrepasen utilizando estrategias exitosas. Con esta mentalidad positiva, yo les digo que nosotras, las mamás latinas, tenemos algunas de las mejores herramientas – en realidad herramientas eficaces – para ayudar a nuestros hijos a ser exitosos en lo académico y en la vida. Me explico.

Los investigadores, los neurólogos, y los educadores están descubriendo ahora que un conjunto de características del estudiante – **no** los ingresos, **no** el ADN **ni** el coeficiente de inteligencia, **no** el nivel educativo de los padres – será el mayor determinante de si el estudiante se matricula y se gradúa de la universidad. Lo mejor es que estas características no son congénitas. Son características que se pueden enseñar, cultivar y que son maleables a cualquier edad. Las características asociadas con el éxito estudiantil son las siguientes:

La gratitud

El optimismo

La motivación

La curiosidad

El entusiasmo y la energía

El autocontrol/la fuerza de voluntad

La persistencia

Las ganas

Nosotros, los padres latinos, contamos con una habilidad que muchos padres quisieran tener: la habilidad natural de asegurar que nuestros hijos tengan éxito en la escuela y en la vida. Lo que es irónico es que las propias circunstancias de nuestra vida, son las que nos han llevado a adaptarnos y a adoptar estas exitosas características. Nuestra cultura nos inculca estas habilidades, nuestro comportamiento es un modelo de ellas, y como ejemplo tenemos nuestros logros históricos.

Nosotros les enseñamos a nuestros hijos a ser *agradecidos*, con enseñarles la habilidad de ver la grandeza en lo que sí tenemos, y no ver lo que nos falta. Enseñamos a nuestros hijos a mantenerse *optimistas*, a pesar de lo mucho negativo que pueda infiltrar en nuestros hogares, nuestros centros laborales, educativos y comunitarios. Nosotros les enseñamos a nuestros hijos a seguir *motivados*, a pesar de las muchas fuerzas contrarias a la motivación que les rodean. Fomentamos en ellos la *curiosidad*, al animarlos a buscar las respuestas independientemente. ¡La *energía y el entusiasmo* que poseen nuestros hijos es resultado directo del jalón de orejas matutino! Les enseñamos a acoger el día con vigor y persistencia. Se tratarán aparte las últimas tres características – el autocontrol/fuerza de voluntad, la persistencia y las ganas -- porque me parece que estas características son las que más se vinculan con el esfuerzo por lograr que nuestros hijos asistan a la universidad.

El autocontrol/la fuerza de voluntad. Para presentar la característica de "autocontrol/fuerza de voluntad", primero debo presentar la famosa prueba de la golosina (malvavisco). La prueba de la golosina fue un experimento realizado por el psicólogo Walter Mischel en la Stanford University. La prueba medía la gratificación aplazada de los niños en los años sesenta tardíos y los años setenta tempranos. Se le ofrecía al niño la opción de un premio inmediato (una golosina) o la de esperar (aplazar) un periodo corto mientras el investigador salía del salón y volvía. Si el estudiante esperaba aquellos 15 minutos, recibiría dos golosinas en vez de una – doble el premio. El equipo de investigación encontró que aquellos niños capaces de esperar más tiempo, tenía mejores resultados en la vida, incluyendo notas más altas en los exámenes estandarizados, mayores logros educativos, mejor salud y otros resultados positivos.

Entonces, ¿qué tiene que ver la prueba de la golosina con los padres latinos? ¿Cómo podemos usar esta teoría para ayudar a mejorar las probabilidades de lograr que nuestros propios hijos entren a la universidad? Quisiera compartir tres estrategias sencillas, sin costo alguno, que usted puede emplear ahora mismo para ayudar a sus hijos a aprender y a aceptar la gratificación aplazada. Las tres estrategias tienen relación con la teoría de la golosina:

Poner dinero en el banco. El poner dinero en el banco es una metáfora para ayudar a nuestros hijos a formar una visión de cómo los esfuerzos específicos y a corto plazo se acumulan como una "inversión" para lograr las metas a largo plazo. En nuestra casa, funciona de esta manera: cuando mis hijos están haciendo alguna actividad que no es productiva, o dejan para más tarde un ejercicio o una tarea, les pregunto, ¿cuál es la actividad que pone dinero en su banco? Señalo con la mano el bolsillo de mi saco para darles una imagen visual. Mi pregunta retórica es, "¿Cuál de las actividades pone dinero en tu banco? ¿Cuál es la actividad por la que vas a optar ahora mismo que tendrá un impacto positivo en tu futuro?" Yo quiero que reconozcan que lo que optan por hacer hoy tiene gran influencia sobre el futuro. Lo fundamental es que estén envueltos en una actividad mental que refuerce la conexión entre tomar una decisión inmediata y tener un resultado positivo a largo plazo. Esta estrategia de autocontrol/fuerza de voluntad les ayuda a entender el *"por qué"*.

Intercambio de uno por otro. Por cada periodo de tiempo que pasen sus hijos haciendo una actividad designada – sea de un minuto o de una hora – ellos se pueden premiar con una cantidad de tiempo igual haciendo otra actividad de su elección. Por ejemplo, el pasar una hora jugando ajedrez puede intercambiarse por una hora de ver su película favorita. O, por una hora de lectura, pueden pasar una hora jugando juegos de video. La actividad que elijan como su "premio" no ha de ser material – nada motivado por el consumismo que implique ir a ToysRUs o a Game Stop. Esta actividad psicológica es efectiva porque es tanto lógica como democrática. Los niños comprenden el razonamiento y se sienten autorizados a tomar sus propias decisiones. Usted establece los parámetros y ellos seleccionan cómo van a premiarse. Este ejercicio de autocontrol/fuerza de voluntad les enseña el *"cómo"*.

Lo primero/La prioridad. Apenas lleguen sus hijos de la escuela, "lo primero' o "la prioridad" es organizar la lista de actividades de las tareas del día y ponerse a trabajar de inmediato. Esto significa que una asignación de la escuela siempre tendrá prioridad en su casa antes de cualquier otra tarea, quehacer, o actividad de ocio. Las asignaciones de la escuela incluyen las tareas, la lectura, la investigación, estudiar para un examen, o asistir a las sesiones con el tutor. Para poder implementar esto en su casa, toda la familia tiene que comprometerse a la estrategia de buena gana.

Este ejercicio de autocontrol/fuerza de voluntad les enseña a los chicos el *"cuándo"*.

La gratificación aplazada no es fácil. Y la teoría de la golosina es algo dificultosa aplicada a los muchachos y la admisión a la universidad. ¿Por qué es esto? Porque les estamos pidiendo a nuestros hijos de kinder, de cuarto grado o de la escuela intermedia que miren hacia un futuro muy distante y hagan sacrificios ahora. Para una niña en el segundo grado, ¡son 10 años de gratificación aplazada! Queremos que nuestros hijos vean "la luz al final del túnel" para que no se sientan ahogados por la intimidante meta de entrar a la universidad.

La clave es de dividir este periodo de tiempo tan largo en segmentos fáciles de manejar. Para los estudiantes de kinder a quinto grado, haga que sus hijos visualicen la meta de mantener buenas notas para poder calificar para asistir a una escuela intermedia "magnet" (a corto plazo). Para los niños de escuela intermedia, que sus hijos visualicen terminar con éxito los cursos prerequisito de honores de inglés, matemáticas o ciencias en la escuela intermedia, para poder calificar para cursos más avanzados y más difíciles en la escuela secundaria.

La persistencia. Definimos la persistencia como la habilidad de recuperarse rápidamente de la adversidad, de problemas, de retos y de obstáculos. Las mamás latinas somos las que hemos descubierto cómo desarrollar la persistencia en nuestros hijos. A nosotros, los latinos, nos han inculcado esta característica positiva y la hemos dominado hasta hacer de ella una ciencia. Les enseñamos a nuestros hijos cómo levantarse cuando fracasan. Les mostramos cómo buscar otros caminos al verse enfrentados con problemas y obstáculos. Les indicamos que deben saber anticipar las trabas, pero también seguir valientes y determinados.

Cuando nuestros hijos se ven obligados a vivir y a enfrentar la adversidad, los retos, los obstáculos y la adversidad, desarrollan la *persistencia*. ¿Por qué y cómo se relaciona esta persistencia con admisión a la universidad? Porque la característica de persistencia se vincula con los retos que nuestros hijos tendrán que encarar durante los años de educación universitaria y estudios graduados. Los retos podrán ser físicos, mentales, o psicológicos. Los estudiantes que se rinden fácilmente, que asumen una actitud de vencidos, que se dejan arrastrar por la presión, no prosperarán dentro del ambiente universitario competitivo.

Si bien no existe una "prueba" para determinar la persistencia, esta característica destacará en la solicitud de admisión a la universidad de su hijo/a, la haya dominado o no. Se atisbará de los cursos rigurosos en los que se ha matriculado, de la energía sostenida y la capacidad de duración en las actividades extracurriculares, y de su éxito académico en general. Cuando esto se combina con estar situado/a en una escuela de bajos recursos, se hará patente que la persistencia fue un factor importante que ayudó al estudiante a sobreponerse a muchas trabas. Lo interesante es que las adversidades y los retos que enfrentan nuestros estudiantes latinos se transformarán en habilidades positivas de adaptación vital, que los ponen camino al éxito en la universidad.

Las ganas. Como experta en las admisiones a la universidad, yo creo que las ganas son la característica de mayor valor que podemos inculcar en nuestros hijos para que vayan a la universidad. En realidad, escribí todo un capítulo sobre las ganas en mi libro, "Nailed It!" Dejé para el final esta característica porque quiero enfatizar la importancia del ejemplo que dan las mamás latinas de esta habilidad, comportamiento y mentalidad. Lo interesante es que son las experiencias del fracaso (no del éxito) las que promueven ahora los investigadores como la clave dorada al éxito.

Esta característica se parece a la de "persistencia" pero es algo diferente. Si bien la persistencia ayuda a nuestros hijos a recuperarse de situaciones y a soportar la adversidad, las ganas son una estrategia preventiva. Las ganas requieren que sean ambiciosos y dedicados – por ende forman parte de una mentalidad proactiva, mientras que la persistencia parte de una mentalidad reactiva. Las ganas son esa voz interior que grita, "Yo creo que puedo hacer esto. ¡Lo voy a hacer!" Las ganas parten de una mentalidad que se proyecta al futuro, inspirada por el pensamiento optimista y la visualización positiva de metas futuras. La persistencia nos ayuda a mantenernos por el camino hacia aquellas metas.

Por lo general, los padres latinos podrán inculcar a sus hijos las ocho características mencionadas con practicar las siguientes estrategias para ayudarles a lograr sus metas, a pesar de los obstáculos que encuentran en los años kinder a 5, en la escuela intermedia y la secundaria. Algunas de estas estrategias incluyen:

- Animar a sus hijos a enfrentar los problemas y los retos (sin protegerlos de la adversidad).
- Ayudar a sus hijos a separar mentalmente el reto o el problema en vez de identificarse personalmente con el conflicto de manera negativa, culpándose a sí mismos.
- Animar a sus hijos a ver los obstáculos como "un regalo" que les hará posible un crecimiento positivo.
- Ayudar a sus hijos a aplazar la gratificación con incorporar rutinas que resulten en un "premio" por ejercer la autodisciplina.

Cuando los padres latinos aprenden sobre estas ocho características, se fortalecen y se sienten más confiados porque convalida lo que *ya* estamos haciendo y practicando, al animar, modelar y servir de ejemplo para nuestros hijos. Significa que nuestras actuales prácticas tienen alto valor, y serán una influencia positiva sobre la orientación y el éxito de nuestros hijos en su camino hacia la universidad. Significa que nuestros hijos están equiparados con las herramientas que necesitan para sentar metas optimistas, para mantenerse enfocados, para navegar los retos difíciles y llegar a la meta agradecidos.

CAPÍTULO 10
Hay que ser realista

Ninguna maestra comienza el día con formular un plan para discriminar adrede contra nuestros hijos latinos. No existe maestro en todo Estados Unidos que se levante cada mañana y diga, "Hoy, voy a considerar a los estudiantes asiáticos superiores en las matemáticas y a los estudiantes latinos ociosos y tontos. Les daré la preferencia y la atención solamente a los estudiantes blancos. Voy a prevenir el progreso de los estudiantes latinos en todas las materias académicas, hacerles sentir apocados, y crear obstáculos para que los estudiantes latinos no desarrollen todo su potencial académico".

Espero que este ejemplo les muestre lo ridículo que sería creer que todos los maestros blancos se comportan concientemente y con intensión de maneras que llevan al fracaso a nuestros hijos latinos. No obstante, también sería ridículo decir que la discriminación (sea intencionada o no) no existe en nuestros salones de clase.

No vivimos en una época en la que la raza no importa, ni tampoco somos ciegos al color de la piel de las personas. La investigación sigue comprobando que una de las primeras cosas que nosotros los seres humanos percibimos no es la sonrisa ni los zapatos de otro, sino el color de la piel, de los ojos y la etnicidad. Si viviéramos de verdad en una sociedad que no le diera peso al color de la piel, en la que se juzgaba y se valoraba a cada estudiante por sus méritos, usted no estaría leyendo este libro – ni tampoco me habría sentido obligada a escribirlo.

La prueba decisiva para determinar si vivimos en una época en la que no importa la raza es cuando los padres latinos y afroamericanos no se sienten más obligados a tener con sus hijos la "conversación".

La conversación – usted sabe, "la conversación". Es aquella conversación temida que entablan muchos padres latinos con sus hijos pequeños en lo que van entrando a los años kinder a quinto del sistema escolar. Es nuestra advertencia de cautela para preparar a nuestros hijos por lo que sin duda encontrarán en la escuela – que sean diligentes en el salón de clase, que defiendan su trabajo escolar, que les den el crédito merecido, y que no se les pase por encima cuando se trata de oportunidades académicas.

Esta conversación mencionará que es posible que los maestros y los administradores los vean de forma diferente y les preparará para sobreponerse a los prejuicios negativos y los estereotipos.

Esta conversación la tuvimos mi esposo y yo con nuestros tres hijos, y sabemos (lamentablemente) que nuestra conversación probablemente se asemeja a la que tienen otros padres latinos con sus hijos. Al igual que los padres que leen este libro, nosotros también queremos lo mejor para nuestros hijos. Creemos que es crucial que no estén mal orientados nuestros hijos en lo que entran a la institución de los grados kinder a quinto porque sabemos lo que vivirán inevitablemente – lo mismo que vivimos nosotros y nuestros padres.

Es una de las conversaciones más difíciles que tendrá usted con sus hijos porque en una conversación breve se imparte que (1) el mundo ve de forma diferente a los niños latinos; (2) la meritocracia es una mentira; y (3) además de las tareas diarias normales, tendrán otra carga a la que sobreponerse.

Si bien no quiere que su hijo/a crea que existe un gran complot contra nosotros – que conspira por hacer que él o ella fracase – debe informar a su hijo/a de la realidad del mundo en el que vivimos. Como padres, Arturo y yo siempre creímos que como enfoque para nuestros tres hijos, el estar preparados, el conocer todos los obstáculos, y el actuar de forma proactiva es mejor que darles excusas. Nuestros hijos, como los de usted, son inteligentes y hacen muchas preguntas. Si sus hijos no están preparados y en la escuela pasan por interacciones negativas que nada tienen que ver con sus habilidades, quedarán confundidos.

Si decide o no tener "la conversación" con sus hijos es algo que tendrán que conversar entre ustedes y decidir con cuidado. Si opta por actuar de manera proactiva e informar a sus hijos, es crítico que lo haga de manera positiva, que se sientan fortalecidos y confiados. La meta es de ayudar a su hijo/a a estar preparado/a psicológicamente para enfrentar el racismo de manera positiva y eficaz, en vez de asumir en su interior los sentimientos negativos o generar el odio contra sí.

Como este concepto lo considero muy importante, naturalmente realicé investigación para asegurar que la estrategia que propongo es sólida. Me tranquilizó encontrar que el informar a los niños, en vez de protegerlos de la verdad, es una mejor estrategia a largo plazo. Por ejemplo, el Dr. William Sedlacek, en su libro, "Beyond the Big Test: Noncognitive Assessment in Higher Education" [Más allá de la gran prueba: la evaluación no-cognosocitiva en la educación superior] explica cómo la comprensión que tiene un estudiante del racismo y su rendimiento académico van de la mano: "La investigación ha mostrado de manera consistente que los estudiantes de color quienes comprenden lo que es el racismo y que están preparados a enfrentarlo tienen mejores resultados académicos".

La doctora Gloria G. Rodríguez, autora de "Raising Nuestros Niños" [Criando a nuestros niños], también recomienda que los padres latinos conversen sobre el tema de la discriminación racial con sus hijos de manera abierta:

> *Debe sensibilizar a sus hijos desde una edad temprana al hecho que la discriminación y el racismo siguen vivos y que ellos podrán ser sus víctimas. Anime a sus hijos a conversar de los temas relacionados con la discriminación, si bien sean incidentes que han vivido o problemas del mundo que requieren ser enfocados con mayor respeto, compasión y cooperación. Enseñe a sus hijos a confrontar el odio y la discriminación abiertamente.*

Yo no creo que toda persona blanca sea racista, ni que no exista persona blanca que tenga en el corazón los mejores intereses de su hijo/a. Pero, lo volveré a decir: Yo vivo en el mundo real. Yo me puse realista hace años cuando mis hijos comenzaron a vivir acciones sutiles (y no tan sutiles) de discriminación, racismo, y simplemente inatención. Desgraciadamente, yo tengo numerosos ejemplos personales para dar constancia a la pobre verdad de vivir en el mundo "real". Estos ejemplos van desde el que se identificara a mi hija como participante en una pandilla por llevar los colores de la "pandilla", amenazada con ser devuelta a casa de la escuela, hasta el que cuestionaran a mi hijo referente a si la investigación que hiciera fuera de verdad suya, y no la redacción de un adulto (o de alguien presumiblemente más instruido en el tema).

Más recientemente, cuando nuestra hija fue admitida a las más selectivas de las universidades, muchas personas me preguntaron, directamente, si fue admitida por mérito o mediante "acción afirmativa".

Les recordé a estos individuos que no existe un método de calificación separado estilo "acción afirmativa" que usara el College Board (la empresa que administra los exámenes del SAT o de Advanced Placement), ni tampoco una curva de calificaciones separada estilo "acción afirmativa" que usara el registrador de nuestra escuela (nuestra hija se graduó con las más altas calificaciones de su escuela).

Una persona dijo, "Mmm...¿Qué será lo que hace que sea tan especial su hija?" Se refería al tratamiento especial que creía que Gabi había recibido como candidata de "minoría". Le recordé a esta persona que Gabi fue admitida por las excelentes calificaciones en los exámenes del SAT y de Advanced Placement, por ser la de calificaciones más altas en su promoción, por ser nombrada National Hispanic Scholar y AP Scholar con Honores, por cuatro años de investigación científica (incluyendo una publicación en una revista médica a los 17 años de edad), por ser capitana del equipo de tenis de la escuela, por las 400 horas de servicio a la comunidad, por ser presidenta de los clubes de estudiantes de premedicina y de MEChA, y por los numerosos premios académicos a nivel nacional que obtuvo.

A pesar de ser estos factores razonables que la mayoría de las personas diría constan que es una candidata a la universidad altamente calificada, yo sabía que la información que impartía caía en oídos sordos. La verdad es que si un estudiante que no es latino con estas mismas calificaciones recibiera admisión a las universidades selectivas, se supondría que fue porque se ganó su posición.

Esta información no la incluyo para que usted se llene de rencor por la injusticia. Sencillamente quiero recordarles a los padres latinos que nuestra labor es la de ser diligentes para que nuestros hijos estén preparados para enfrentar estas situaciones. Al pasar por todas estas situaciones humillantes, mis hijos sabían esperar (sin aceptar) esta intención de marginarlos, y cómo enfrentar este tipo de encuentro. Cuando están preparados nuestros hijos, pueden dirigir la atención hacia la meta de obtener una educación de calidad.

El ponerse realista significa aceptar que existen individuos y sistemas que tienen la posibilidad de robarle a su hijo latino una educación *de por igual*. Si a usted le intimida el grupo dominante o no quiere importunar, tiene que sacudirse ese sentimiento. **Sus hijos necesitan que usted sea realista**.

El ponerse realista no significa convertirse en un padre o madre de familia militante, esperando a la defensiva cualquier insultito, o anticipando la discriminación por todos lados. Significa que no puede creer que la discriminación es cosa del pasado, que ahora nuestra sociedad está ciega al color de la piel, ni que toda persona tiene en el corazón el mejor interés de su hija latina. Yo les animo a todos los padres latinos a "ponerse realistas" con el racismo institucionalizado de manera proactiva, para que nuestros hijos se conviertan en estudiantes fuertes y confiados camino a la universidad.

CAPÍTULO 11
Ave enjaulada

"AVE QUE NO VUELA,
ES AVE ENJAULADA."
—MAMÁ QUETZAL

AVE ENJAULADA

Por temor, por ansiedad, o por no comprender el sistema universitario, muchos padres dedicados desaniman a sus hijas de asistir a universidades lejos de casa. No ocurre mucho cuando de nuestros estudiantes varoniles se trata, pero sí se da con mayor frecuencia con las mujeres. Como la mayoría de los estudiantes que asisten a mis talleres es latina (aproximadamente el 80%), veo cómo se desenvuelve esta tragedia año por año. Lamentablemente, aprendo cada año que entre los mejores estudiantes que lograron ser admitidos a universidades excelentes, hay una muchacha cuyos padres le dicen que no puede asistir a tal universidad por lo que queda muy lejos de casa.

Sin reparar en el perfil académico de la estudiante, ni en las ofertas excepcionales de asistencia financiera que recibe (típicamente todos los gastos pagados durante cuatro años), estas estudiantes latinas se sienten atrapadas dentro de una situación de la que nadie sale ganando. Ellas en verdad quieren seguir sus sueños, realizar su potencial, y lograr un lugar en una universidad correspondiente con sus metas intelectuales y profesionales. Sin embargo, si optan por ir por ese camino, terminarán desobedeciendo a sus padres, corriendo el riesgo de ser enajenadas de la familia.

Por desgracia, al desanimar o al negarnos a apoyar la decisión de las hijas por asistir a una universidad que no sea local o que se encuentre en otro estado, sin darnos cuenta es posible que les estemos privando de toda una vida de recompensas. Con frecuencia les estamos pidiendo a nuestras hijas que renuncien a la excepcional asistencia financiera, que abandonen su sueño de ir a la universidad, sueño que probablemente comenzó en la primaria, y que dejen pasar la oportunidad de florecer en una institución académica, rodeada de sus pares intelectuales, y dejen de ser las personas que se han esforzado por llegar a ser.

Yo sé que el motivo de los padres latinos no es el egoísmo ni el castigo. Sencillamente temen lo desconocido, se preocupan por la seguridad de sus hijas, y no comprenden cómo las diferentes clases de universidad se ofrecen diferentes resultados. Por esta razón, me sentí obligada a escribir este capítulo.

Hablando de la seguridad, ¿sabía usted que puede encontrar las estadísticas sobre el crimen para todas las universidades en el sitio web College Navigator? Aquí las encontrará: https://nces.ed.gov/collegenavigator.

Créame, no quiere que su hija salga huyendo de casa como la única opción para poder seguir sus sueños universitarios (es una historia verídica). Tampoco quiere colocar a su hija en una posición en la que debe pedir la ayuda de otros adultos o personas desconocidas para pasar por el proceso de completar la solicitud.

Los padres me preguntan, *"¿Qué hay de malo con ir a una universidad local o a una universidad comunitaria? ¿Acaso no son iguales todas las universidades? ¿Acaso no es el punto simplemente sacarse un título universitario?"*

Mi respuesta es, no. *No son* iguales todas las universidades. A continuación encontrará tres factores críticos que pueden surtir un impacto importante sobre la habilidad que tiene su hija por tener éxito en la universidad, por salir de la universidad sin haber acumulado muchas deudas, y por graduarse a tiempo – o graduarse del todo, de la universidad.

Asistencia financiera limitada. Muchas universidades difieren mucho entre sí en cuanto a sus fuentes de asistencia financiera. Por lo general, las instituciones públicas reciben financiación del estado o de otras entidades gubernamentales, mientras que las instituciones privadas dependen generalmente de los ingresos que derivan de las donaciones privadas, de organizaciones y de la matrícula que pagan los estudiantes. A veces se restringe la asistencia financiera a la *necesidad* financiera, y no al mérito académico. Esto significa que algunas universidades posiblemente no tengan los fondos a su disposición para reclutar a los mejores estudiantes o para ofrecer "prebendas" económicas.

Por otro lado, algunas universidades cuentan con fondos discrecionales para ofrecer planes de asistencia financiera excepcionales a los mejores estudiantes con base en el criterio de su *mérito académico*. Suelen tener las más altas dotaciones de capital y, por lo tanto, pueden afrontar el gasto de ofrecer becas completas o casi completas. No se restringe la asistencia financiera que ofrecen a la necesidad financiera del estudiante, entonces pueden ofrecer incentivos por "mérito" a los estudiantes que tienen rendimiento académico excepcional.

En resumidas cuentas: Hay que comparar las cartas de oferta con detalle para entender cuánto gasto del propio bolsillo tendrá que aportar su familia durante los cuatro años. Revise las herramientas que se ofrece al final de este capítulo para ayudar a su familia a tomar una decisión informada en cuanto a los costos de asistir a una universidad en particular.

Indices bajos de graduación. El éxito de su hija en la universidad local o comunitaria puede verse afectado por los índices de graduación de la universidad en particular. Sería de gran provecho para los padres el revisar los índices de graduación para todas las universidades bajo consideración – incluyendo las universidades comunitarias. El Departamento de Educación ofrece un tanteador universitario (College Scorecard en inglés) que describe todos los índices de graduación de todas las universidades en los EE.UU. Se encuentra aquí: collegescorecard.ed.gov/.

La graduación aplazada. Si usted identifica a una universidad con sólidos índices de graduación, es también importante saber *cuánto tiempo* lleva, como promedio, graduarse de con un título de Bachelor's. Le podrá sorprender que el promedio en algunas universidades locales no es de cuatro años, sino que es de ***seis a ochos años*** lo que llevan sus estudiantes para completar un título.

Con estos índices bajos de graduación, las posibilidades de graduarse en menos de seis años también se reducen para su hija, y se reducen aun más para graduarse en cuatro años. Como es posible que le llevará más tiempo graduarse, estará pagando bastante más a través de los años para cubrir la matrícula adicional, los cargos, el costo de transporte y los libros. Además, estará dejando atrás años de ganancias anuales por salario – ya que se quedará estudiando años adicionales en vez de estar avanzando con su carrera. Ah, y se acaba la asistencia financiera estatal después de cuatro años, no seis, en muchos casos.

Para ser justos, hay que comparar las estadísticas de graduación de las universidades locales con las que están en otro estado o que no sean locales. Por ejemplo, en el 2014, el 93% de las mujeres se graduó de UCLA en seis años o menos, y más del 80% de todos los estudiantes sacó su título en cuatro años. También puede leer el artículo de la revista *U.S. News & World Report, "Highest 4 Year Graduation Rates"* para ver los índices de graduación para las universidades que está usted considerando para su hija. En aquella lista verá que algunas universidades tienen un índice de graduación entre el 88% y el 93% dentro de cuatro años.

Espero que usted pueda ver que si insistimos en que nuestras hijas se queden cerca de casa, les estamos pidiendo que se arriesguen a no graduarse a tiempo (o del todo), a incurrir muchas deudas para suplementar los años adicionales que les llevará graduarse, a perder planes remunerados de asistencia financiera, y a optar por una universidad que no corresponde con sus metas universitarias o profesionales.

Ahora, no crea que la Mamá Quetzal habla por hablar. Mi propia hija recibió admisión a varias universidades locales, incluyendo la Stanford University y la UC Berkeley (ambas a una distancia razonable de casa en auto). No obstante, el sueño de Gabi fue experimentar la vida de la costa este de los Estados Unidos y asistir a una institución de las renombradas (Ivy League en inglés). Este sueño lo ha tenido desde los cinco años de edad. Se empeñó para poder lograr su sueño de asistir a una universidad renombrada. Yo no fui capaz de cortarle las alas.

Cuando llegó el momento, Gabi declaró que iba a ir a la Harvard University. En vez de exigir que aceptara una de las destacadas ofertas locales de admisión, la familia entera celebramos su decisión y le dimos ánimos de volar. No fue nada fácil y no voy a decir que no lloraba de vez en cuando al pasar por su recámara antes de ir a dormir. Es nuestra única hija (tenemos dos hijos varones). Pero hay que recordar la definición de una Mamá Quetzal:

Una Mamá Quetzal es una mamá latina orgullosa quien hará cualquier cosa por asegurar que sus hijos realicen el trayecto por el que se han decidido. Una Mamá Quetzal sabe que sus hijos cuentan con dotes y talentos especiales y que contribuirán profundamente a la sociedad. Como tal, una Mamá Quetzal les proporciona a sus hijos toda oportunidad para lograr el éxito; y quita toda barrera.

Al leer el párrafo anterior, no se encuentra ninguna contingencia que diga que los hijos pueden seguir su camino, *¡siempre y cuando no se alejen de usted!* Por supuesto le hará falta su hijo o su hija si opta por una universidad muy lejos de casa. A nosotros nos hizo falta Gabi tremendamente. No obstante, como Mamá Quetzal, yo sabía que el camino por el que Gabi había optado incluye la Harvard University – la cual, de paso, ¡está a 3.147.85 millas (5.065.97 kilómetros) de nuestra casa en California! ¿Pero quién está llevando la cuenta?

Al completar este capítulo, espero que usted haya entendido que si le cortamos las alas a nuestras hijas, les estamos encerrando en una jaula metafórica. Les estamos silenciando los sueños y las aspiraciones. Les estamos pidiendo que paguen un precio muy alto por nuestras propias inseguridades y temores. Estamos pasando por alto los beneficios a largo plazo que resultan cuando nuestra hija asiste a una universidad con mayores recursos y más probabilidades de lograr el éxito. Los padres, con todo, pueden sentirse consolados con estas palabras perspicaces de unos cuantos padres latinos:

Aun cuando las aves vuelan – siempre vuelven a casa, estación tras estación.

Hay que dejar que estire las alas.
No se logra el éxito con mantenerla en el nido por siempre.

Aquí tiene una lista de herramientas útiles para guiar a los padres y a los estudiantes durante el proceso de decisión. Estas herramientas provienen de organizaciones de renombre y ofrecen información puntual:

College Affordability & Transparency Center
Cuánto puede anticipar pagar.
Universidades con matrícula y cargos más altos/bajos.
http://collegecost.ed.gov/

Calculador del precio neto
Todas las universidades que reciben fondos federales deben
publicar el verdadero costo de asistencia
y esto debe aparecer en su sitio web.

Ver aquí todos los calculadores de precio neto:
collegecost.ed.gov/netpricecenter.aspx

College Scorecard (Tanteador)
Los índices de graduación de todas las universidades en los EE.UU.
collegescorecard.ed.gov

College Results (Herramienta de comparación)
Compare los costos netos, los índices de graduación,
y mucho más.
collegeresults.org

Tercera Parte

El proceso de presentarse a la universidad

El enfoque exclusivo de la parte tres es la preparación de los estudiantes a completar el proceso de aplicación a la universidad. Cubriremos cada componente del proceso de admisión a la universidad alineándolo con estrategias para cada año de la escuela secundaria. Usted aprenderá cómo ayudar a su hijo/a en el primer año, el segundo, el tercero y el último año de la secundaria.

CAPÍTULO 12
La selección de cursos

En capítulos anteriores, aprendió usted a seleccionar la escuela secundaria adecuada y planificar los cuatro años de la secundaria usando la estrategia del Capítulo 6 (*Pensar a la inversa*). En esta sección, aprenderá del *tipo de clase* que debería llevar su hijo/a según las metas universitarias que tiene.

Permítame compartir ahora una historia. Hace unos años, una estudiante me llamó para pedirme la opinión referente a sus posibilidades de entrar a la universidad de Stanford. De manera triunfante, declaró que tenía un promedio de notas de 4.,0 y por ende sentía que iba por el camino correcto a la admisión a Stanford. No obstante, cuando le leí el expediente de clases, me quedé confundida. Sí, en realidad sí tenía un promedio de 4,0, pero no había llevado ningún curso de Honores ni de AP. Naturalmente le pregunté si la escuela a la que iba ofrecía tales cursos. Me dijo que había una buena cantidad de cursos AP, pero que había optado por *no* llevarlos, porque temía que se redujera su promedio.

Lamentablemente, la estudiante no logró admisión a la universidad de Stanford (ni a ninguna otra universidad competitiva). Pero si hubiera recibido entrenamiento siquiera dos años antes, su resultado habría sido otro, muy diferente. ¿Cuál es la moraleja de esta historia? El o la estudiante nunca debe comprometer el rigor del programa de cursos que lleva con llevar cursos "fáciles" para aumentar el promedio de notas. Es por esta razón que incluí este capítulo para ayudar a su hijo/a a evitar este trágico error.

La selección de cursos – Ahora, hablemos de la importancia de la selección de cursos. A la hora de seleccionar el programa de clases de la secundaria, no todos los cursos tienen el mismo peso. Los oficiales de admisión de las universidades estarán revisando el promedio de notas de su hijo/a *y* el rigor de su programa de clases. Esto es de particular importancia para los estudiantes que consideran ser admitidos a universidades selectivas.

Cuando revisan el expediente de cursos de su hijo/a, los oficiales de admisiones estarán particularmente interesados en los cursos llevados que hayan sido de nivel de Honores, AP o IB. A estos cursos les asignan *más peso* (reciben más puntos) por lo que son más difíciles en comparación con los cursos tradiciones. Por lo tanto, las universidades selectivas esperan ver cursos rigurosos en el expediente del estudiante que busca admisión.

¿Por qué es esto? La razón más obvia por la que se debe llevar un programa de cursos riguroso es porque las universidades están interesadas en estudiantes que se hayan puesto retos y los hubieran superado en la mejor medida de sus capacidades. Segundo, buscan a estudiantes que tengan pasión por el aprendizaje. Lo más importante es que el llevar cursos de AP o de IB es una muestra de la capacidad del estudiante a lograr el éxito con un programa de cursos riguroso – un hito en las admisiones a la universidad para determinar si la estudiante prosperará o no en aquella universidad en particular.

¿Cuántos cursos AP o IB completan los candidatos competitivos? Para responder a esta pregunta, miremos la promoción más recientemente admitida a UCLA (2014). Casi el 80% de los estudiantes admitidos se había matriculado en 16 a 19 semestres de cursos de Honores o de AP. Esto significa que la mayoría de los estudiantes admitidos llevó entre 8 y 9 cursos AP o IB. Los estudiantes que llevan mis talleres típicamente llevan entre 7 a 10 cursos AP.

Pero aquí está lo truculento. Si bien queremos que nuestros hijos lleven cursos que los retan, no queremos que arriesguen reducir su promedio de notas con llevar cursos que pueden resultar ser demasiado difíciles. ¿Cómo puede equilibrar esto su hijo/a? Las preguntas a continuación ayudarán a su hijo/a a seleccionar cuáles de las materias y cuántos cursos AP o IB llevar.

- ¿Corresponde el curso con la disciplina que le interesa a su hijo/a? Por ejemplo, si su hijo/a piensa especializarse en Biología Humana, tiene sentido llevar el curso de Biología AP o el de Química AP, ¿no es cierto? O, si él o ella piensa declarar

132

el Periodismo o el Inglés como especialización, se esperaría que tomara el curso de Inglés AP. Si el expediente de cursos de su hijo/a no refleja cursos relacionados con la especialización que le interesa, constituye un punto de alarma.

- Así no le resulte demasiado difícil el curso, ¿será que su participación en el curso resulte en desmedida difícil (con asignaciones, horas adicionales de estudio, etc.)? Su hijo/a debe entrevistar a otros estudiantes para aprender de la cantidad de trabajo esperado de un maestro o un curso en particular.

- ¿Asiste su hijo/a a una escuela secundaria que se considera excepcionalmente competitiva? ¿Es una probabilidad que en aquel curso participarán los estudiantes entre el 1% más alto de la promoción? No sea que el cálculo de las calificaciones según el promedio compartido por las notas más altas perjudique injustamente el promedio de notas de su hijo/a.

Lo fundamental es que si su hijo/a puede enfrentar bien el rigor de los cursos de AP, IB o de Honores, deben enfocar el tiempo y la energía en ganarse la nota más alta posible en estos cursos y en seleccionar cursos que correspondan con la especialización que le interesa estudiar en la universidad.

Hay que conocer los requerimientos de las Cuatro Grandes Estrategias. Reitero lo de las "cuatro grandes" para recordar a los padres que hay cuatro estrategias simultáneas durante la secundaria. Vea el Capítulo 8, *"Establecer un plan de acción"*. Al seleccionar los cursos, tenga en mente que el programa de cursos debe corresponder con las metas universitarias de su hijo/a.

Por ejemplo, si su hijo/a piensa buscar admisión a una universidad estatal menos selectiva, no le tocará preocuparse por los requerimientos de las universidades privadas o competitivas. No obstante, incluso para algunas universidades estatales ciertas especializaciones se destacan. Esto implica que la universidad esperará que los estudiantes cumplan con y sobrepasen ciertos cursos en aquellas especializaciones.

En resumen: Hay cuatro estrategias simultáneas que su hijo/a debe seguir para maximizar sus opciones de admisión a la universidad:

Las cuatro grandes
(Cuatro estrategias simultáneas)

Los requerimientos para la graduación
Los requerimientos de preparación para la universidad
Los requerimientos para las universidades privadas o competitivas
Los requerimientos específicos a la disciplina que quiere estudiar

Una nota aparte referente a los cursos relacionados con los niveles AP, IB u Honores. Es posible que algunas escuelas – como las escuelas charter o las que carecen de recursos – no ofrezcan programas integrales de cursos AP o IB. En ese caso, ¿qué se debe hacer? Primero, debe saber que la universidad no discriminará contra su hijo/a por no haber podido llevar tales cursos cuando su escuela secundaria no los ofrecía. En otras palabras, su hijo/a no resultará castigado/a por no estar disponibles los cursos. No obstante, existen tres (3) estrategias para sobreponerse a esta deficiencia. ¡Aprenda más sobre estas estrategias con patrocinar un taller de la Mamá Quetzal en su escuela intermedia o secundaria! Vea el último capítulo del libro para mayor información sobre la manera de patrocinar un taller en su comunidad.

CAPÍTULO 13
Actividades extracurriculares

¡No vaya a saltarse este capítulo! Antes de leer mis estrategias sobre la selección de actividades extracurriculares, quiero que sepa una cosa. Quiero que sepa que siendo todo igual (promedio de notas, notas de exámenes, etc.), entre mis estudiantes, los que más cuidadosamente planificaron sus actividades extracurriculares, mejor éxito tuvieron en las admisiones a las universidades más selectivas.

A través de los años, he entrenado a miles de estudiantes de secundaria. Cuando se les revisa el perfil de actividades extracurriculares, se hace inmediatamente claro cuáles de los estudiantes planificaron sus actividades y cuáles no lo hicieron. Queda claro cuáles estudiantes cayeron en las trampas, como la de "Cubrir todas las bases" o el enfoque "Pasivo". Examinemos estas trampas antes de presentar las estrategias exitosas.

La de "Cubrir todas las bases" se refiere a los padres que impulsan a sus hijos a participar en *todo* tipo de actividad. Como los padres no saben bien dónde enfocarse, animan a sus hijos a participar en todo. Por desgracia, estos padres han cometido el error de creer que su hijo/a llamará la atención del oficial de admisiones si participa en cada uno de los programas académicos, deportivos y de servicio a la comunidad. Con esperar, desesperados, que su hijo/a aparente ser educado/a y polifacético/a, le animan a cargarse de cuanta actividad extracurricular posible.

Como consecuencia, el perfil del estudiante carece de una temática consistente, de un propósito o de dirección. Han perdido la vista de la razón por la que los oficiales de admisiones quieren ver estas actividades en las solicitudes -- ¡son la cuna de la pasión del estudiante! Los oficiales de admisiones quieren saber lo que realmente le importa a la estudiante más allá del salón de clase. Si la estudiante participa en 50 actividades, ¿cómo demuestra eso un interés o una pasión por una actividad en particular?

Por otro lado, el enfoque "Pasivo", representa el otro extremo. Este enfoque representa a los estudiantes que participan pasivamente en oportunidades extracurriculares sin ejercer criterio crítico. Por ejemplo, sólo optarán por las actividades que promociona el centro de consejería de su secundaria, o por aquellas que les llamaron la atención en un volante, o por aquellas en las que han participado sus amigos. Con el enfoque pasivo no hay reflexión ni estrategia, lo cual quedará claro en su solicitud.

Ahora que hemos visto las trampas de la planificación de actividades sin estrategia, aprendamos a ser estratégicos en la planificación de nuestras actividades. Yo recomiendo cuatro (4) estrategias:

- Demostrar calidad y no cantidad
- Ser listos políticamente
- Demostrar autenticidad cultural
- Enfocar las actividades particulares a la disciplina de interés

Calidad y no cantidad – Los oficiales de las admisiones a las universidades por lo general concuerdan en el viejo refrán de *la calidad es mejor que la cantidad*. ¿Qué aspecto tiene la calidad? Como regla general: Enfocarse en unas pocas actividades únicas, de manera consistente a través del tiempo, y con dedicación.

Por ejemplo, consideremos a una estudiante que cada año (posiblemente desde el octavo grado o antes) como voluntaria organiza un evento para recaudar fondos para un albergue de víctimas de violencia doméstica. Además de ayudar a organizar el evento anual, esta estudiante también hace de voluntaria durante el año académico y el verano como tutora en el albergue. El enfocarse en esta única actividad demuestra que la estudiante tiene enfoque, pasión y dedicación en cuanto a ayudar a mujeres y niños.

Ser listos políticamente – Una buena regla general para cuando se va formando la estrategia de las actividades extracurriculares de su hijo/a es la de considerar qué grupo demográfico o qué población es la que sirve la organización, quién financia la organización, y cómo se percibe históricamente la organización. Aléjese de las organizaciones que promocionan posiciones políticas negativas o marginales o que se reconocen históricamente por asociarse con otra que sea así. Otra buena regla general es la de considerar organizaciones que abogan por cualquiera de los siguientes temas:

- La violencia doméstica
- Apoyo educativo
- El medio ambiente
- Las poblaciones sin albergue
- Los derechos del inmigrante
- Las condiciones médicas (el cáncer, etc.)
- Discapacidades mentales o físicas
- Las personas sin recursos socioeconómicos
- Mujeres y niños

Los temas citados son atractivos a una gran gama de organizaciones. Un excelente ejemplo de una organización políticamente neutral que disfruta de una reputación históricamente positiva en nuestra sociedad, es el Boys and Girls Club of America.

Hay cierta distinción – Comparemos la misión de las anteriores organizaciones ampliamente aceptadas contra los temas de controversia, tales como el aborto, el matrimonio homosexual, la pena de muerte, o las armas de fuego. Sin importar cuál sea la opinión personal o la pasión de su hijo/a por estos temas, puede resultar arriesgado que aparezca un patrón de interés en estos temas en su solicitud a la universidad o para recibir una beca.

No sugiero que un estudiante tenga que mentir o dar realce a su solicitud cuando enumere las actividades extracurriculares. Si él o ella en realidad siente pasión por una causa que se considera negativa, excluyente, militante, en extremo conservadora, o en una causa que se considera discriminatoria contra el género, la raza, que sea elitista o radical, y haya participado por mucho tiempo en actividades relacionadas, lo que recomiendo es que el estudiante entienda cómo puede ser percibida su participación en la causa desde la perspectiva de los oficiales de admisiones.

Por otro lado, la oficina de admisiones podrá dar acogida a tal estudiante que tenga perspectivas que no son tradicionales, o que sean controversiales. Hay cierta distinción entre un estudiante que cuestiona el status quo o que defiende perspectivas que no son tradicionales, y el estudiante que se cree en lo justo o que sea de mente cerrada, sin empatía, y quien se niega a adoptar la diversidad y la inclusión.

Por ejemplo, si una estudiante pone en su solicitud que es representante de un capítulo de la Coalition for Humane Immigrant Rights of Los Angeles (CHIRLA), es probable que se le considere positivamente, como persona que aboga por la justicia social. Si, por otro lado, una estudiante pone que ha sido voluntaria del Council of Conservative Citizens (una organización que apoya el nacionalismo de la raza blanca y el separatismo), es posible que el o la oficial de admisiones tenga otra perspectiva sobre ella.

Mostrar autenticidad cultural – Las universidades competitivas quieren atraer a estudiantes que ayuden a diversificar la universidad. Por lo tanto, buscan a estudiantes que son culturalmente auténticos y que ofrecen una perspectiva única al cuerpo estudiantil. Mi definición de la autenticidad cultural en el contexto de las admisiones a las universidades es la siguiente:

> *La autenticidad cultural se refiere a la calidad que posee el/la estudiante que representa un vínculo positivo, fuerte y consistente con un grupo cultural. Esta calidad se fundamenta en experiencias vitales auténticas dentro de esta cultura. Ejemplos de esto podrán incluir la religión, la perspectiva política, el idioma, las tradiciones y el conocimiento histórico.*
> *—Mamá Quetzal*

Comparemos a dos estudiantes ficticios para mejor comprender cómo se articula la autenticidad cultural en el contexto de una solicitud de admisión a la universidad.

"Omar" es presidente del Movimiento Estudiantil Chicano de Aztlán (MEChA) en su escuela secundaria. Durante tres años consecutivos, Omar ha organizado un evento de recaudación de fondos para beneficiar la Coalition for Humane Immigrant Rights of Los Angeles. Por último, Omar tiene una posición de liderazgo en la Society of Hispanic Engineers (SHPE).

Como regla general, las experiencias vitales de Omar (como demuestra su participación en estas actividades) le ofrecerá a la universidad a la que asista, una voz única en los salones de clase – añadiendo un valor positivo para todo el cuerpo estudiantil de aquella universidad. Al criarse en una comunidad latina, Omar comprende de manera íntima la cultura y la política latina. Vive nuestras tradiciones, nuestro idioma, la comida y la historia. Lo que es más importante, Omar se identifica de manera positiva como miembro de este grupo cultural.

Hay que comparar a Omar con "Benjamin", quien cursa el último año de una escuela secundaria privada, cuyo cuerpo estudiantil es por entero blanco. Benjamin ha crecido en un vecindario en el que él es el único latino, y todos sus amigos son blancos. Benjamin se identifica con el grupo dominante, su familia no practica tradiciones latinas, su perspectiva política no colinda con lo que interesa a la comunidad latina, y no tiene conciencia de la importancia social e histórica de ser latino, ya que tiene poca experiencia con la cultura latina. Toda su experiencia vital ha sido en consonancia con el grupo dominante. Lo que es más importante, Benjamin no se identifica positivamente con la cultura latina y podrá tener una perspectiva negativa de sus pares latinos.

Cuando llegue Benjamin a una universidad, no se podrá distinguir su voz de la de la mayor parte de sus pares de primer año. Las universidades no están buscando un grupo homogéneo de estudiantes de primer año. Quieren admitir a estudiantes que ofrezcan sabiduría y un conjunto de experiencias único a los salones de clase.

No es necesario que Benjamin provenga de un grupo de altos ingresos, ni que asista a una escuela secundaria privada (aunque éste puede ser el caso). Benjamin comprende intelectualmente que es latino, pero no se considera latino psicológicamente. Se considera "diferente". El hecho que sea de herencia latina es lo único que él comparte con sus pares latinos.

Hay una distinción entre pertenecer a un grupo étnico en particular (por nacimiento no por decisión propia) e *identificarse personalmente* (por decisión propia) con este grupo étnico o raza en particular. La diferencia radica en la percepción que tenga el o la estudiante de quién es él o ella, en cómo percibe el mundo y en las actividades en las que opta participar. En otras palabras, el o la estudiante que se identifica personalmente y positivamente como latino/a es una persona culturalmente auténtica.

En la Common Application no existe una casilla que pregunte "¿Es usted culturalmente auténtico/a?" No obstante, las universidades pueden distinguir fácilmente entre los que son auténticos y los que no lo son. Un factor obvio de distinción se percibirá mediante la lista de actividades extracurriculares. En otras palabras, el marcar la casilla que diga "Hispanic/Latino" en la solicitud para admisión a la universidad no informa a los oficiales de admisiones que el o la estudiante traerá diversidad a la universidad.

Enfocarse en actividades específicas a la disciplina de interés – Con frecuencia se les pasa a los estudiantes la importancia de participar en actividades extracurriculares que tengan relación con lo que les interesa estudiar. Por ejemplo, si a Maribel le interesa estudiar la carrera de ingeniería química, debe participar en actividades relacionadas con la ingeniería química. Ejemplos de estas actividades son una pasantía de verano en la universidad de Stanford mediante su programa RISE (Raising Interest in Science and Engineering), asociarse con la organización Latinas in STEM, o la Society of Women Engineers (SWE), participar en el equipo de la

Olimpiada Científica, en el programa Mathematics Engineering Science Achievement (MESA), o en la Society of Hispanic Professional Engineers (SHPE).

De igual forma, si a Javier le interesa estudiar el periodismo, sus actividades extracurriculares deben incluir el escribir artículos para el periódico de su escuela, participar como miembro de un club literario, y servir como editor de una publicación dedicada a los latinos. Si no existen estas actividades en su escuela secundaria o en su comunidad, él podría fundar y organizar una organización de este rubro (ver la sección sobre "Liderazgo" en el Capítulo 8, *Establecer un plan de acción*".)

Muestra: Plan de cuatro años (actividades extracurriculares)

A continuación se describe cómo "Maribel" diseñó su participación en actividades extracurriculares para demostrar los cuatro puntos cubiertos en este capítulo. Las actividades que escogió Maribel demuestran consistencia y pensamiento estratégico (Calidad y no cantidad), alineadas con organizaciones políticamente positivas (Ser listos políticamente), indican participación en organizaciones latinas (Demostrar autenticidad cultural), e identifican su pasión por la ingeniería (Enfocarse en actividades específicas a la disciplina de interés).

El primer año de secundaria de Maribel:

- Presidenta – MEChA Servicio comunitario
- Miembro – Declatón Académico y Olimpiada Científica
- Tutora de verano (100 horas) – Boys and Girls Club
- Miembro – Elenco de danza folclórica "Xochipilli"
- Pasante – Society of Professional Hispanic Engineers (SHPE)
- Miembro – MESA

El segundo año de secundaria de Maribel:

- Secretaria – MEChA
- Miembro – Declatón Académico y Olimpiada Científica
- Tutora de verano (100 horas) – Boys and Girls Club
- Miembro – Elenco de danza folclórica "Xochipilli"
- Pasante – Society of Professional Hispanic Engineers (SHPE)
- Miembro – MESA

El tercer año de secundaria de Maribel:

- Vicepresidenta – MEChA
- Miembro – Declatón Académico y Olimpiada Científica
- Tutora de verano (100 horas) – Boys and Girls Club
- Miembro – Elenco de danza folclórica "Xochipilli"
- Pasante – NASA Summer Institute in Engineering and Computer Applications
- Miembro – MESA

El último año de secundaria de Maribel:

- Presidenta – MEChA
- Semi-finalista – Siemens Math and Science Competition
- Miembro – Declatón Académico y Olimpiada Científica
- Tutora de verano (100 horas) – Boys and Girls Club
- Miembro – Elenco de danza folclórica "Xochipilli
- Pasante – Smithsonian Latino Center, Young Ambassadors Program
- Miembro – MESA

Queda claro que Maribel tuvo un enfoque consistente en actividades **culturalmente auténticas** (MEChA, danza folclórica), optó por servir a la comunidad de manera **políticamente** lista (Boys and Girls Club), y se dedicó a actividades específicas a su **disciplina de interés** (Siemens Math and Science Competition,

Olimpiada Científica, MESA). La estrategia que implementó Maribel con sus actividades muestra **calidad y no cantidad**.

Hay que recordar que los oficiales de admisiones estarán revisando las actividades y los logros de Maribel sólo hasta el primer semestre de su último año de escuela secundaria. Lo que implica esto es que su hijo/a debe tener un plan estratégicamente formalizado para poder presentar el perfil más competitivo para esa fecha.

¡Cuidado! La medida en la que su hijo/a participe en actividades extracurriculares tiene que estar equilibrada con su promedio de notas (grade point average, GPA en inglés). Si el promedio de su hijo/a comienza a debilitarse, hay que suspender las actividades extracurriculares hasta ver que mejoren las notas. Recuerde, el promedio de notas tiene un peso muy importante. Su hijo/a no debe poner en riesgo su promedio de notas por las actividades extracurriculares.

CAPÍTULO 14
Exámenes de admisión a la universidad

Antes de comenzar este capítulo, quiero decir unas palabras sobre los exámenes de admisión a la universidad. No son muy de mi agrado las pruebas estandarizadas para admisión a la universidad por lo que ha sido comprobado, una y otra vez, que *no* son una herramienta precisa de evaluación para medir la *aptitud* del estudiante. De lo contrario, en el mejor de los casos, pueden medir con precisión el nivel de ingresos y de logro académico de los padres del estudiante. Aun así, se usan estos exámenes para descartar candidatos en las universidades competitivas, por ende, los padres latinos tienen que estar informados sobre estos exámenes.

Permítanme compartir algunas estadísticas recientes para darles una idea de los promedios a nivel nacional para todos los estudiantes y para los estudiantes latinos en particular:

2014 Promedio nacional para *todos* los estudiantes en los EE.UU.
ACT 21
SAT 1510

2014 Promedio nacional para los estudiantes *latinos*
ACT 18.8
SAT 1354

Pero, ¿a quién le importan los promedios a nivel nacional, verdad? Lo que queremos saber es cuáles son las notas que necesitan nuestros hijos para entrar a las mejores universidades en los Estados Unidos, ¿verdad? A continuación se encuentran algunas escalas de notas para darles un vistazo del mundo de las notas de exámenes de admisión a las universidades competitivas. Hay que tener en cuenta dos cosas. Primero, que estas notas representan algunas de las universidades más competitivas de los EE.UU. Segundo, que los números representan sólo una parte de la variedad de factores que consideran los oficiales de admisiones cuando toman decisiones sobre admisiones.

Universidad	Nota promedio SAT	Nota promedio ACT
Harvard University	de 2120 (bajo) a 2400 (alto)	de 32 (bajo) a 35 (alto)
Stanford University	de 2070 (bajo) a 2350 (alto)	de 31 (bajo) a 34 (alto)
UC Berkeley	de 1840 (bajo) a 2240 (alto)	de 27 (bajo) a 33 (alto)

Estas notas representan el 25% más bajo de estudiantes admitidos ("bajo) hasta el 75% del percentil más alto ("alto") de estudiantes admitidos. Para aprender sobre estrategias para identificar las universidades que caben dentro del perfil académico de su hijo/a, vea el Capítulo 18, *"Cómo seleccionar la universidad correcta"*. Ahora, veamos los exámenes de PSAT.

PSAT – El nombre formal de este examen es *Preliminary SAT/National Merit Scholarship Qualifying Test*, cuyas siglas son PSAT/NMSQT, o, lo que es más común, PSAT. El PSAT lo administran la College Board y la National Merit Scholarship Corporation (NMSC).

El PSAT/NMSQT es un examen "preliminar" para ayudar a preparar a los estudiantes para dar el SAT. El PSAT mide tres áreas: (1) habilidades de lectura crítica; (2) habilidades de resolver problemas de matemáticas; y (3) habilidades de redacción. Durante el otoño del segundo año de secundaria (grado 10) de su hijo/a, le tomarán el PSAT a modo de práctica. Durante su tercer año de secundaria (grado 11), su hijo/a dará este examen para calificar para la National Merit Scholarship, así como el National Hispanic Recognition Program. Se programan estos exámenes por regla general el tercer sábado de octubre.

Tal como se dijo, el PSAT/NMSQT se administra típicamente cada año el tercer sábado de octubre. Para determinar si su escuela local va a administrar este examen, visite el sitio web collegeboard.org. Para registrarse, debe comunicarse con la oficina de consejería, de registro, o de contaduría. La College Board no registra a estudiantes para el examen, ni tampoco lo administra. La registración se hace exclusivamente a través de su escuela secundaria local.

Los resultado del PSAT se envían a la escuela secundaria, y no a su casa. Debe obtener las notas de la oficina de consejería y revisar con cuidado las calificaciones que sacó su hijo/a para determinar dónde hay que hacer mejoras. A continuación, debe desarrollar una estrategia para prepararse para el examen principal, el SAT.

Para los estudiantes latinos, el examen PSAT/NMSQT es esencial porque hay varias universidades que ofrecen una beca de cuatro años a los National Hispanic Scholars. Si su hijo/a sale bien en este examen y tiene un promedio alto de notas, es posible que le otorguen la distinción de ser "National Hispanic Scholar".

National Hispanic Scholar – Cada año académico, el National Hispanic Recognition Program (NHRP) identifica a unos 5 mil estudiantes con las más altas calificaciones en los EE.UU. quienes toman el examen PSAT/NMSQT y se identifican como hispano o latino. A nivel nacional, entran en consideración más de 200 mil estudiantes de tercer año de secundaria. A un estudiante que logra esta distinción se le denomina "National Hispanic Scholar". Los criterios para calificar para el National Hispanic Recognition Program (NHRP) varían de año en año y por estado; se encuentran los criterios en el sitio web del College Board: www.collegeboard.org.

Las universidades suscritas comprarán la lista anual de estudiantes que cumplen con los criterios para ser National Hispanic Scholar. Por esta razón, es importante que su hijo/a marque el cuadrado en el formulario del PSAT que pregunta si se puede compartir su correo electrónico con las universidades suscritas al programa.

Poco después de publicarse la calificaciones, si su hijo/a cumple con los criterios, comenzará a recibir cartas de invitación de las universidades. Yo, personalmente, doy constancia de que éste es un proceso legítimo. A mi hija Gabi la identificaron como National Hispanic Scholar y recibió directamente varias becas de cuatro años a muchas universidades. Muchas de estas escuelas pusieron por escrito que le eximirían de pagar el costo de entregar la solicitud y también del requerimiento de escribir el ensayo; todo lo que requerían era que ella les otorgara permiso para presentar su solicitud. Básicamente era, "marcar aquí", y se te admite con una beca completa. Además de pagar por completo la matrícula, algunas de estas universidades ofrecen estipendios anuales, una laptop sin costo, y otras prebendas.

Existen muchas universidades competitivas que ofrecen becas completas, con vivienda, alimentos o un estipendio para el o la National Hispanic Scholar. Visite la página web de la(s) universidad(es) que le interesan para determinar si ofrece(n) o no esta beca.

Los exámenes de SAT y ACT – SAT son las siglas en inglés de Scholastic Aptitude Test. El examen de SAT lo administra el College Board y cubre las habilidades críticas de lectura, redacción y matemáticas. Cada componente tiene un máximo de 600 puntos, para dar un posible total de 2400 puntos. *Nótese: el examen de SAT pasará por un nuevo diseño efectivo en la primavera del 2016.*

Lo ideal es que el o la estudiante tome el SAT para la primavera o el verano del tercer año de la escuela secundaria, para que tenga más que suficiente tiempo para dedicarse a las solicitudes para las universidades a finales del verano y comienzos del otoño del último año de secundaria.

¿Qué puede hacer usted para ayudar a su hijo/a a prepararse bien para el examen SAT? Primero, asegúrese que haya tomado el examen PSAT en el segundo y tercer año de la secundaria. Si lo ha tomado, haga una revisión detallada de los resultados/calificaciones para determinar dónde debe mejorar. A continuación, siéntese y prepare una estrategia de un año para el examen de SAT. Esta estrategia debe incluir un curso de estudio metódico, utilizando una guía de estudio para el SAT (disponible en su biblioteca local) y, en el mejor de los casos, matricular a su hijo/a en un cursos preparatorio para el SAT.

Las siglas ACT representan American College Testing en inglés y son pruebas de inglés, matemáticas, lectura y ciencia.

Roxanne Ocampo

También tiene una porción de ensayo de 30 minutos, que es opcional. Los estudiantes pueden tomar este examen en vez de tomar el SAT. Nota interesante: el año pasado, más estudiantes latinos tomaron el examen ACT que el SAT.

¿Qué hay con los programas de preparación para los exámenes? – Permítanme que comience con decir que yo recomiendo con fervor que los estudiantes latinos lleven un curso formal de preparatoria para el examen. Estos programas los recomiendo porque sé que funcionan. Mis propios hijos participaron en programas preparatorios, y los estudiantes de mi programa Quetzal Mama Scholars participan en el programa SAT Prep de la organización Veritas Prep (www.veritasprep.com). El año pasado, una de mis estudiantes que completó el curso de Veritas Prep aumentó su puntaje compuesto, ¡por 500 puntos!

¿Cómo determinar el programa preparatorio al que matricularse? Puede resultar confuso porque existen muchas, pero muchas opciones. Hay tutores para el SAT, asistencia por internet, campamentos de verano, centros de instrucción, y programas de preparación que ofrecen un sinfín de compañías e individuos. Además, el College Board vende guías de estudio en su sitio web y también ofrece una "Pregunta del día" en su sitio web, collegeboard.com. Entonces, ¿en cuál de los programas debería matricularse su hijo/a?

En términos generales, yo recomiendo que opte por un ambiente de salón de clase (en vez de un libro de texto o asistencia por internet) que ofrezca instrucción en vivo y que tenga exámenes de práctica y que coincida con la fecha en que su hijo/a da el examen. El programa debe enfocarse en las estrategias para dar exámenes, y no en el contenido de las materias. Este tipo de programa suele ser muy caro (tal vez mil dólares). No obstante, algunos programas ofrecen asistencia financiera a los estudiantes. Además, si reúne a un grupo de estudiantes, puede ponerse en contacto con la compañía que ofrece la preparación, ¡y pedir un descuento por el grupo! Yo conozco a varios padres de familia (incluyéndome a mí) quienes han logrado negociar un mejor precio para un grupo de estudiantes.

149

Si no le alcanzan los fondos para pagar un programa formal de preparación, le recomendaría obtener una copia del libro de preparación para los exámenes SAT o ACT más reciente de su biblioteca local. Su hijo/a debe tomar los exámenes de práctica cronometrados, para practicar e ir conociendo bien el proceso.

¿Cuántas veces debe su hijo/a tomar el SAT? Esta pregunta es probablemente la que más me hacen los estudiantes y sus padres. Le recomiendo al estudiante no dar el examen de SAT más de dos veces. Después del primer intento, el o la estudiante debe examinar con detalle sus fuerzas y sus debilidades. A continuación, debe matricularse en un curso preparatorio para el SAT. Lo preferible es que sea un curso en vivo, que dure entre seis y ocho semanas. De esta forma, el o la estudiante estará completamente preparado/a para dar el segundo examen de SAT, con resultados idóneos.

Permítanme que vuelva a darles mi recomendación en cuanto a dar el SAT. Que lo tome una vez para después analizar con cuidado los resultados. A continuación, que se matricule en un programa preparatorio en un salón de clase, para formular una estrategia para dar el resultado de un aumento en el porcentaje compuesto. No debe tomar el SAT más de dos veces. Incluso el College Board – la organización que diseña y administra el SAT – no recomienda que se tome el SAT más de dos veces. Aquí está lo que asevera el College Board:

> *No recomendamos que se tome más de dos veces porque no existen evidencias que indiquen que el tomar el SAT múltiples veces resulte en un cambio importante en la calificación final.*

A pesar de lo que recomiende yo, muchos estudiantes tomarán múltiples veces el SAT o el ACT sin intervención. ¡Es una estrategia descabellada! ¿Por qué?

Hay que considerar la cita de Albert Einstein: "*La locura: Hacer lo mismo una y otra vez con la esperanza de ver otros*

Roxanne Ocampo

resultados". Al tomar el SAT una y otra vez, sin implementar una estrategia formal de preparación, ¿cómo cambiará esto el resultado de su hijo/a?

Es cierto que con repetidos intentos, con el tiempo su hijo/a llegará a conocer mejor el formato, la estructura y la cronometría del examen (cosa positiva). No obstante, su hijo/a no habrá aprendido la estrategia de *cómo* tomar el examen. Lo que es más, el beneficio de un aumento muy leve de la calificación total se verá muy opacado por el resultado negativo de otros factores que los estudiantes no perciben. ¿Qué factores?

Factor 1: Es posible que las universidades vean todas las calificaciones. Los estudiantes pueden enviar su SAT con la mejor calificación a las universidades mediante un proceso llamado Score Choice™. Esta opción la ofrece el College Board y permite que los estudiantes escojan las mejores calificaciones para enviar sólo éstas a las universidades. No obstante, las universidades muy competitivas normalmente tienen acceso a *todas* las calificaciones de los estudiantes, haciendo que esta opción sea nula. Nótese que el ACT no combina las calificaciones de diferentes fechas. Sólo emitirán el expediente del examen de la fecha que seleccione el o la estudiante.

Además, muchas universidades no permiten que se escoja calificaciones que no sean compuestas – en otras palabras – no se puede enviar calificaciones diferentes de fechas diferentes. Entonces, a menos que su hijo/a confíe en poder alzar la calificación de manera importante, ¿por qué arriesgarse con múltiples calificaciones? Lo que es más, ¿qué pasa si las últimas calificaciones salen más bajas que las primeras?

Factor 2: Los exámenes tomados múltiples veces indican la verdadera habilidad. Digamos que Verónica tomó el SAT tres veces, y el resultado final fue un aumento cumulativo de sólo 20 puntos. Esto le informa al oficial de admisiones que la calificación final es una verdadera indicación de las habilidades de Verónica. Es razonable concluir que Verónica no podrá hacer mejor que esto, porque tres veces es una evaluación justa y razonable de sus habilidades. Si Verónica hubiera tomado el examen sólo una vez, el oficial de admisiones tendría que darle el beneficio de la duda, pensando que ese día en particular Verónica no estaba desempeñándose a su más alta capacidad.

¡**Resumen!** Su hijo/a debe tomar su PSAT en octubre del segundo y el tercer año de la secundaria. A continuación, su hijo/a debe registrarse para dar el SAT a finales de la primavera o al comienzo del verano del final del tercer año de secundaria. Como alternativa, su hijo/a podrá optar por tomar el ACT (o ambos el SAT y el ACT). Hay que analizar los resultados con cuidado, para determinar sus fuerzas y sus debilidades. A continuación, su hijo/a debe matricularse en una clase en vivo de un programa preparatorio para el SAT o el ACT. La segunda fecha del SAT o del ACT se debe programar para que corresponda precisamente con el final del curso preparatorio. Por último, su hijo/a no debe tomar más de dos veces el SAT ni el ACT.

Las pruebas de materias del SAT – Además del examen de SAT o ACT, las universidades competitivas también tomarán en cuenta las calificaciones de su hijo/a en las pruebas de materias del SAT. Una prueba de materia (Subject Test en inglés) del SAT consta de una prueba de una hora, de opciones múltiples, referente a una materia en particular. Existen 20 pruebas de materia del SAT comprendidas por cinco áreas: inglés, lenguas, historia, matemáticas y ciencias. Se ofrecen las pruebas en determinadas épocas del año, y los estudiantes pueden tomar hasta tres pruebas por vez. Se encuentra el programa y la inscripción en www.collegeboard.org.

Las universidades toman en cuenta las calificaciones de las pruebas de materia del SAT en las admisiones, y algunas universidades especifican el área que requieren para ser considerada en la admisión (o para los criterios específicos a ciertos programas de estudio). Para determinar las pruebas requeridas, visite los sitio web de las universidades que a su hijo/a le interesan. Como regla general, los estudiantes deben tomar las pruebas que tengan relación con la especialidad que piensan estudiar.

¡Sugerencia! Se puede tomar individualmente las pruebas de materias del SAT y se ofrecen con frecuencia a lo largo del año académico. Por esta razón, hay que tomar las pruebas de materias del SAT *inmediatamente* después de terminar la materia respectiva en la escuela secundaria. Muchos estudiantes no comprenden la importancia de tomar estas pruebas cuando tienen la materia fresca en sus mentes. No es una estrategia inteligente esperar hasta el otoño del último año de secundaria para intentar dar cuantas pruebas de materia del SAT como sea posible.

Los exámenes de AP e IB – Los exámenes de Advanced Placement (AP) y del International Baccalaureate (IB) son componentes importantes en la consideración de las admisiones a las universidades. Los cursos de AP y de IB en la secundaria son rigurosos y presentan un desafío, y están considerados equivalentes al programa de estudios de primer año (introductorios) de nivel universitario. Las universidades selectivas suponen que los estudiantes de secundaria que tengan acceso a los cursos de AP o de IB, y los correspondientes exámenes, los tomarán. Al completar los cursos de AP o de IB, por lo general ofrecidos en los grados 10 a 12, los estudiantes tomarán un examen riguroso.

Los exámenes de AP los administra el College Board cada mes de mayo, mientras que los exámenes del IB los administra la Organización del Bachillerato Internacional en los meses de mayo y de noviembre cada año. Los estudiantes que logran aprobar con la calificación mínima, tal y como la determina la universidad, podrán ser eximidos de llevar el curso correspondiente durante el primer año de la universidad. Existen actualmente 35 exámenes de AP y actualmente el costo de un examen AP es de $92.00. No obstante, el College Board ofrece una reducción de $29 del costo para los estudiantes de medios reducidos.

Como la mayoría de las escuelas secundarias en los EE.UU. no ofrece el programa del Bachillerato Internacional (IB por sus siglas en inglés), vamos a dedicar nuestras estrategias a los exámenes de AP. A continuación tienen un vistazo de tres puntos importantes en cuanto a los exámenes de AP:

Primer punto: El o la estudiante no tiene que completar el curso de AP para inscribirse/tomar el examen. Los estudiantes podrán estar en una escuela charter que no ofrece cursos de AP a los estudiantes. O, puede que reciban la instrucción escolar en casa. O, simplemente no desean tomar el curso para tomar el examen. Algunos estudiantes sencillamente son brillantes (¡los he conocido yo!). No obstante, son muy pocos estos estudiantes. Si la escuela secundaria de su hijo/a no ofrece un curso AP en particular, él o ella podrá llevar el curso con un proveedor en línea como Scout: www.ucscout.org.

Segundo punto: Los estudiantes pueden tomar el examen de AP en cualquier momento durante sus años de secundaria. Pero, para que las calificaciones de AP aparezcan en la solicitud a la universidad del estudiante (en el último año de secundaria), el o la estudiante tendría que haber completado los exámenes en mayo o antes del tercer año de la secundaria. Terminología clave: "aparezcan en la solicitud a la universidad del estudiante" ("listed on a student's college application"). Por el hecho que se administran los exámenes sólo en mayo de cada año, si para el tercer año el o la estudiante no ha tomado el/los examen/es, no tendrán las calificaciones y no podrán aparecer en su solicitud a las universidades a entregarse en el otoño. Además de tomar los exámenes de AP por razones de competitividad, los estudiantes también querrán hacer estrategias para completar los exámenes de AP por razones de querer saltarse importantes cursos durante su primer año como estudiante universitario.

Tercer punto: Consideremos cuántos cursos y exámenes de AP están tomando los estudiantes para lograr admisión a las universidades selectivas. Para mejor comprender cómo las universidades selectivas evalúan las calificaciones de los exámenes de AP, vamos a ponerlo en contexto. A continuación he puesto estadísticas de UCLA referente a la promoción más recientemente admitida (2014).

UCLA Estudiantes de 1er año admitidos (2014)		
# de semestres	Ind. de admis.	% global admit.
Más de 19	37.62%	59.28%
16 a 19	19.74%	18.04%

Se puede ver que más del 75% de estudiantes admitidos llevó entre 16 a más de 19 semestres de cursos de honores o de AP. Cuando dos semestres equivalen a un año, estos estudiantes llevaron aproximadamente 8 a 10 cursos AP, IB u honores. Este cuadro también es una fuerte representación de lo que buscarán otras universidades altamente competitivas. Mis propios hijos llevaron 10 cursos. Los estudiantes en mis talleres típicamente llevan entre 7 a 10 cursos AP y están logrando admisión a las más selectivas universidades. Ver también el Capítulo 12, "*La selección de cursos*". Bono: los estudiantes también podrán recibir reconocimiento del College Board ("AP Scholars Award") al tomar cierto número de exámenes con calificaciones altas.

De hecho, existen muchas estrategias que su hijo/a puede implementar en cuanto a los exámenes de AP o de IB. El punto clave es saber cuáles son los programas que existen y cómo hacer una estrategia para programar y seleccionar los cursos correspondientes.

CAPÍTULO 15
Las cartas de recomendación

¿Qué es la carta de recomendación? La carta de recomendación (LOR por sus siglas en inglés) forma parte de la solicitud de admisión universitaria que requieren algunas, pero no todas, las universidades. Por ejemplo, la Universidad de California no requiere una LOR, pero sí la requieren la mayoría de las universidades que usan la Common Application.

La carta sirve como un aval – ofrece detalles o información que no se revela en otras partes de la solicitud. Mientras que la solicitud de la estudiante contiene datos estadísticos (el promedio de notas, las calificaciones de los exámenes, etc.) y una Declaración Personal escrita desde la perspectiva de la estudiante, la LOR es una fuente secundaria que refleja la perspectiva de un tercero de las habilidades, la personalidad, disposición y otras características de la estudiante.

Hay que pensar en la LOR como la aprobación de una fuente fiel. En pocas palabras, es como quien dice, "Yo, personalmente, recomiendo a Guadalupe. Me parece que contribuiría mucho a su universidad". Los oficiales de admisiones atisban más información de una LOR que puede no ser aparente entre los materiales de solicitud de la estudiante. ¿Qué tipo de información? En un momento nos vamos a dirigir a eso.

Los estudiantes de la secundaria típicamente perciben la LOR como una tarea que cumplir – simplemente una requerida formalidad que atender en su solicitud. Puede ser arriesgado no darle la importancia merecida a la LOR. Muchas veces, en igualdad de condiciones, una LOR puede alzar el ranking general de un candidato que busca admisión a la universidad o una beca. Una fuerte LOR puede hacer que el consejero de admisiones o el comité de becas cambie de opinión a favor de un candidato.

¿Quién debería escribir la carta de recomendación?
Para la Common Application, la LOR la escribirán dos maestros y un

consejero de la secundaria. Como por lo general se asignan estudiantes a los consejeros de la secundaria por orden alfabético de apellido, los estudiantes normalmente no tienen la opción de seleccionar al consejero que escriba su carta de recomendación. Lo que sí tienen es la opción de seleccionar a los dos maestros que escribirán sus cartas.

La Mamá Quetzal recomienda que los estudiantes seleccionen *con cuidado* a dos maestros estratégicos que escriban sus cartas. Lo ideal sería que los dos maestros sean los que dieron instrucción al estudiante durante su tercer año de secundaria. Esto es importante por dos razones: Primero, la carta será la más reciente evaluación del personal docente. Recuerden, una LOR escrita por el personal docente en el último año de secundaria de su hijo/a sólo reflejará aproximadamente tres meses de observación y evaluación. Segundo, el personal docente del tercer año suele ser más riguroso y refleja mejor los cursos de nivel de AP o IB (comparado con el primero y el segundo año de la secundaria).

Tenga en cuenta que algunos maestros tienen una política de escribir sólo cierto número de cartas cada año académico. Típicamente optan por escribir cartas en el orden de llegada. Por esta razón, comuníquese con los maestros *antes* de finalizarse el tercer año de la secundaria para aparecer en la lista del maestro antes del receso de verano.

Hay que evitar errores comunes en la LOR. Cada año observo el mismo patrón de problemas con las cartas de recomendación. El problema que percibo es que las cartas no corresponden con la información que *en verdad* buscan las universidades. El problema no es con los consejeros de la secundaria, sino con los maestros. Los consejeros están bastante bien informados en cuanto al contenido correcto de las cartas de recomendación gracias a la relación que tienen con los representantes de las universidades y el conocimiento que tienen del proceso de admisión a la universidad. Por otro lado, el conocimiento de los maestros yace en la enseñanza, ¡no en la redacción de cartas para los estudiantes!

La culpa no la tiene el personal docente. Los problemas surgen más de la naturaleza altamente competitiva del proceso de admisión a la universidad, y del enorme volumen de cartas que están obligados a escribir los maestros. Para añadir al problema está el hecho que muchos estudiantes esperan al último minuto para pedir sus cartas de recomendación (lo cual culmina en una carta inferior). A continuación comparto tres problemas comunes que aparecen cada año con las cartas de recomendación escritas por los maestros.

Primero, en gran medida los maestros de la secundaria no conocen bien los criterios que buscan los oficiales de admisiones. Por esta razón, suelen incluir información que *a ellos* les parece importante. Los maestros no están concientes de la creciente competitividad por la que se consideran los materiales de una solicitud. Por ende, no darán crédito a la importancia de presentar una carta de recomendación bien redactada.

Segundo, con frecuencia los maestros componen cartas que parecen hojas de vida. La carta claramente se compuso con un modelo con espacios para rellenar información. Esto ocurre porque muchos distritos escolares reparten a los estudiantes "hojas para ostentar" que completan para entregar a los maestros que los recomiendan. Esto sonará eficiente, pero "llenar los espacios en blanco" no es una estrategia ideal para obtener una excelente carta.

Por último – y lo más importante a mi modo de ver – es que el contenido de la carta se deriva de la memoria del maestro que la escribe. Recuerden, la mayoría de los docentes en la secundaria tienen entre 32 y 35 estudiantes por clase, seis clases al día, 10 meses al año. A muchos maestros les cuesta recordar detalles únicos o específicos de cada uno de los estudiantes. Este es un factor problemático porque precisamente lo que quieren los oficiales de admisiones son ¡los detalles!

Entonces, ¿qué puede hacer un/a estudiante para evitar estos problemas? ¡La Mamá Quetzal te cuida! Sigue las seis (6) sugerencias de la Mamá Quetzal para lograr una carta de recomendación impresionante.

Sugerencia #1 – Encontrar la persona correcta que haga la recomendación. La instrucción que reciben los estudiantes en la Common Application en cuanto a buscar a la persona correcta para la recomendación es: "...un maestro que te haya enseñado en una materia académica". Como se indica arriba, yo recomiendo que los estudiantes identifiquen a un maestro del tercer año de secundaria. Además, recomiendo que los estudiantes obtengan una carta de recomendación de una maestra de AP o de IB en la disciplina que piensan seguir como estudiantes universitarios.

Por ejemplo, si Blanca piensa especializarse en las ciencias informáticas, querrá como mínimo una carta de su maestro de pre-cálculo honores, o de cálculo AP (si es que ha llevado este curso). En cuanto al segundo maestro, Blanca podría considerar una persona que no enseñe las ciencias, tal vez su maestro de inglés AP o de historia de los Estados Unidos AP.

Sugerencia #2 – Planifique un año escolar por adelantado. Los estudiantes les estarán pidiendo a dos maestros una carta de recomendación durante el otoño de su cuarto y último año de secundaria. Los estudiantes deben formar relaciones con individuos que seleccionen mediante reuniones programadas, con compartir proyectos de investigación y/o monografías, o con entablar conversaciones con ellos. La idea tras el desarrollo de este tipo de relación es para destacar en la mente del maestro o del consejero al demostrar curiosidad intelectual, compromiso con las metas académicas futuras y también madurez.

Sugerencia #3 – Pedir ver la carta de recomendación. ¡Los estudiantes nunca deben aceptar a ciegas una carta de recomendación! Una carta "ciega" es la que se entrega a las universidades sin que su hijo/a la vea. Esto implica que su hijo/a no tiene idea alguna si la persona que escribió la carta ofrece una recomendación positiva o negativa, o si la persona enfatizó aspectos deseables e importantes del perfil académico del estudiante.

Salvo que la "carta ciega" sea una práctica o política establecida por escrito en la escuela secundaria de su hijo/a, representa una señal de advertencia importante. Es arriesgarse demasiado el entregar cartas cuyo contenido no conoce el o la estudiante. A pesar de no ser una práctica común, yo sí he visto un puñado de maestros en los últimos años recientes que le dicen directamente al estudiante que no compartirán el contenido de sus cartas con él.

Sugerencia #4 – Hay que formar parte del proceso. ¡No! ¡Esto no significa que el o la estudiante escribe la carta! El formar parte del proceso significa que hay una colaboración entre el maestro y el estudiante. Significa que el estudiante le habrá pedido por adelantado al maestro si puede o no ofrecerle detalles, referencias narrativas, monografías, o muestras de su trabajo.

En mi experiencia, casi el 99% de los maestros, cuyos estudiantes le han pedido entrar en colaboración, está dispuesto a hacerlo. Parece que la mayoría de los maestros acepta con gusto sugerencias sobre el contenido de las cartas de los estudiantes, para mejorar la precisión y la relevancia de la carta de recomendación.

¡Cuídate! El "formar parte del proceso" no significa escribirle la carta al maestro. El papel que juega la persona que recomienda es el de evaluar con honestidad las fuerzas de los estudiantes. El estudiante debe limitarse a corregir la ortografía, ofrecer sugerencias, recomendar más o menos elementos, y hacer la revisión para determinar el tono y el contenido en general. Como la carta de recomendación es un componente del proceso de admisiones, los estudiantes deben respetar y adherirse a la integridad de tal proceso.

Sugerencia #5 – Que no le cueste trabajo al maestro. Ahora que el o la estudiante ha encontrado la persona adecuada para la evaluación, debe proporcionarle información útil para redactar la carta. La información útil se refiere a las monografías, los proyectos y cualquier otro ejemplo notable del trabajo estudiantil (incluyendo referencias a los debates en clase que ha dirigido el o la estudiante).

Yo recomiendo que los estudiantes se dirijan directamente a la sección de "Background Information" (información de trasfondo) y "Ratings" del Teacher Evaluation Form (formulario de evaluaciones para el maestro) en la Common Application. Se encuentra en línea en www.commonapp.org. Existen 15 criterios de evaluación (en una escala de 7 categorías) que los maestros completarán de parte del estudiante. Los estudiantes deben usar estas 15 preguntas como orientación; escribir a máquina ejemplos específicos referentes a cada tema; utilizar estos ejemplos como guía de referencia.

Sugerencia #6 – cuantificar y calificar. Ya que los maestros ya habrán categorizado al estudiante en la sección de "Ratings", y el o la estudiante habrá provisto ejemplos detallados para cada uno de los 15 criterios, ¡la carta está escrita ya, prácticamente! Ahora, el reto es de cuantificar y calificar aun más lo que presenta la carta. La indicación que reciben los maestros que evalúan es la siguiente:

> *Escriba, por favor, lo que a usted le parezca importante sobre este estudiante, incluyendo una descripción de sus características académicas y personales, tal como se mostró en su salón de clase. Aceptamos con gusto información que nos ayude a diferenciar entre este estudiante y otros.*

Usted verá de las indicaciones arriba que el objetivo es que el maestro que haga la evaluación ofrezca un análisis descriptivo que apoye la recomendación. Por ende, la carta **no** debería decir, "César es un gran estudiante" ni "César es muy inteligente". De lo contrario, debería leerse algo así:

"En términos de promesa intelectual, César fácilmente está entre el más alto 1% de los estudiantes que han estado en mi clase durante los últimos 12 años. Se evidencia la capacidad intelectual de César en su redacción y en las discusiones en clase. Por ejemplo, César llevó a cabo un debate de tema provocador en clase sobre la identidad en los Estados Unidos. Retó lo que son muchas creencias comunes y presentó argumentos concisos y convincentes que se verían típicamente en un curso introductorio de la universidad. A

continuación, César se explayó sobre el tema con presentar un ensayo muy analítico y digno de reflexión referente al concepto del "excepcionalismo estadounidense". Comparado con la habilidad de otros estudiantes a quienes he enseñado a través de los años, la aguda habilidad que tiene César de comprender conceptos complejos y sofisticados, sus habilidades de reflexión crítica excepcionales, su nivel de madurez y su capacidad de formar comprensión derivada de matices sutiles, rinde mi recomendación incondicional y entusiasta por él como candidato a la admisión a su universidad".

Usted podrá ver que esta carta cuantifica las habilidades intelectuales de César; ofrece perspectiva en cuanto a su curiosidad intelectual y sus habilidades de reflexión crítica; y se dirige a su nivel de madurez. El ejemplo arriba ha sido recortado para fines de este capítulo. No obstante, la carta tendría que cubrir no menos de un cuarto de hoja, sin pasar de una hoja de largo.

En cuanto a la calificación y cuantificación del trabajo que ha hecho su hijo/a, aquí tiene cuatro importantes factores que tener en cuenta:

La capacidad intelectual. La carta debería calificar la capacidad intelectual de su hijo/a comparado/a con otros estudiantes que ha enseñado el maestro. Por ejemplo, el maestro podrá decir que su hijo/a está entre el 1% a 5% superior de la clase en términos de capacidad intelectual. Esta evaluación se deriva de las notas en los exámenes y las tareas, o de las habilidades percibidas. Las habilidades percibidas podrán no necesariamente reflejarse en las tareas, en las notas de medio término o en otros hitos establecidos. Se podrán percibir a través del potencial o la curiosidad intelectual que muestre el o la estudiante.

Referencias anecdóticas. Una carta poderosa debería incluir referencia personal y anecdótica. Por ejemplo, referencia a la habilidad académica de su hijo/a demostrada en una variedad de formas: una discusión en clase ejemplar, un informe o una presentación extraordinario, o un ensayo muy bien redactado. El

163

maestro probablemente no recuerde todos estos pequeños detalles, entonces es la responsabilidad de su hijo/a refrescarle la memoria con ofrecerle un resumen escrito u oral. Los maestros tienen demasiados estudiantes como para poder recordar tanto detalle, entonces apreciarán los ejemplos que les provee su hijo/a.

La disposición individual. Además de describir la promesa académica de su hijo/a, la persona que escribe la recomendación debe también dirigirse a las características destacadas de su hijo/a en cuanto a las universidades competitivas. Por ejemplo, si su hijo/a es disciplinado/a y maduro/a, el maestro debería expresar cómo estas características son útiles para manejar un programa de estudios riguroso en la universidad. Por último, si su hijo/a está entre los mejores de su clase, no caería mal que también diga el maestro que su hijo/a expresa humildad.

Circunstancias especiales. Si su hijo/a tiene circunstancias especiales que no quedan presentadas en la solicitud, el maestro debería describirlas en la carta. Las circunstancias especiales incluyen factores que no son académicas que han surtido impacto sobre la capacidad de su hijo/a de desempeñarse o los obstáculos a los que ha tenido que sobreponerse. Por ejemplo, el maestro puede enfatizar que ha sido afectado/a por pasar una porción grande de tiempo por semana (por ejemplo, 20 horas) en un empleo, o por ser la persona que se encarga de cuidar a un padre o hermano minusválido, o por tener una condición médica, o no estar preparado/a para el nivel avanzado de la universidad por lo que su escuela secundaria no ofrecía tales programas.

Nótese que la carta *no debe* incluir una lista de todas las clases que llevó su hijo/a, ni las actividades extracurriculares o premios. Esta información ya la tiene el oficial de admisiones en la solicitud. Lo que debería enfatizar el maestro es una habilidad o un talento en particular que tenga relación con la especialidad que piensa estudiar su hijo/a. Por ejemplo, si su hijo/a quiere seguir una carrera de ciencias políticas, y tal maestro dirige el Mock Trial Club (club de juicios fingidos) en la escuela, sería ventajoso que el maestro haga referencia a los talentos y habilidades de su hijo/a en esta actividad en particular. De manera similar, si el maestro de matemáticas de su hijo/a también es director del programa AP, sería muy útil que hablara de la capacidad intelectual de su hijo/a en la clase de AP Cálculo.

Regla general: El contenido de la carta debe especificar, medir, cuantificar o evaluar los talentos y las habilidades académicas de su hijo/a. Su hijo/a es un estudiante preparado, que compite con otros estudiantes preparados. Los oficiales de admisiones quieren saber cómo se compara su hijo/a con los otros estudiantes en su escuela secundaria. Si desea más información en cuanto a la programación y la metodología para la entrega de cartas de recomendación en la Common Application, vea el Capítulo 21, "*¿Listos para presentarse a la universidad?*"

¡Unas cuantas últimas sugerencias! Una vez completadas las bien redactadas e impresionantes cartas de recomendación, los estudiantes deben pedir que les proporcionen un copia impresa genérica de la carta para usar con futuras becas, pasantías o programas de liderazgo. La carta del maestro o consejero puede llevar una fecha abierta, como "Fall 2016" (Otoño 2016) y dirigirse a "To Whom it May Concern" (A quien corresponda (o también, "Scholarship Committee" (Comité de becas). El/la estudiante debe imprimir varias de estas cartas para tener a la mano para las solicitudes futuras.

Por último, los estudiantes no deben dejar de agradecer a la persona que escribe la recomendación. Y, no, un email o un texto no es suficiente. Hay que enviar una tarjeta de agradecimiento escrita a mano e incluir una tarjeta de $5 de Starbucks o unas galletas dulces hechas en casa. Hay que recordar que la persona que los recomienda les ha dedicado una buena cantidad de su tiempo personal a la carta. ¡Agradécela!

Si quisiera ver y oír el taller o el webinario de la Mamá Quetzal, de hora y media titulado "Letter of Recommendation for Latino Students", enviar una consulta a info@quetzalmama.com.

CAPÍTULO 16
Acción anticipada vs. decisión normal
("Early Action" versus "Regular Decision")

El proceso de solicitar admisión a la universidad se ha vuelto increíblemente complejo. Existen universidades privadas, universidades locales públicas, y las llamadas Ivy League – las más renombradas – todas con fechas límites y procedimientos para llenar la solicitud muy particulares. ¿Cómo sabe usted cuál de los procedimientos para llenar la solicitud le conviene a su hijo/a? En el presente capítulo, vamos a ver las diferencias entre Early Admission (admisión anticipada) y Regular Admission (admisión normal).

Los programas de Early Action (Acción Anticipada) o de Early Decision (Decisión Anticipada) son de gran ventaja para los solicitantes. Su hijo/a debe solicitar admisión a su primera selección con este proceso anticipado, si es que la universidad ofrece tal opción. Una opción "anticipada" es de beneficio de tres formas:

- Los estudiantes casi siempre ganan una ventaja estadística con solicitar admisión de manera anticipada.
- Algunas universidades ofrece incentivos de asistencia financiera con su aviso de admisión anticipada.
- Los estudiantes aprenden por adelantado (normalmente alrededor de la segunda semana de diciembre) si su primera selección entre las universidades les ha aceptado o no.

Estadísticamente, una universidad por lo general admitirá a un 25 por ciento de los candidatos que solicitan Early Action (acción anticipada). Basta con una mirada rápida a las estadísticas de admisiones de las mejores universidades para comprender la ventaja que esto presenta. Para las universidades altamente selectivas, los solicitantes de Regular Decision (decisión normal) tendrán un índice de admisión entre el 6 y el 10 por ciento. Si se compara esto con el índice del 25 por ciento con la Early Action y Early Decision, no cuesta nada ver por qué su hijo/a debería usar esta estrategia para su primera selección.

Hay que tener en cuenta que una de las principales razones por las que los estudiantes tienen una ventaja estadística de admisión como candidato/a anticipado es por lo que el o la solicitante típico/a en este grupo de estudiantes está entre los mejores 5% a 10% de estudiantes por todo Estados Unidos. Estos mismos estudiantes tendrían altas probabilidades de admisión con solicitar la admisión adelantada o normal. En otras palabras, su hijo/a no tendrá mejores probabilidades de admisión sólo por entregar la solicitud por adelantado. La ventaja en las admisiones es para aquellos estudiantes que están excepcionalmente bien preparados y que entregan una solicitud por adelantado. A continuación se encuentran definiciones claves para los programas de admisión anticipada.

Early Action – Existen dos maneras distintas de solicitar "por anticipado" a una universidad. Una manera se denomina Early Action y la otra Early Decision. Esta última – Early Decision – es un acuerdo **vinculante**, mientras que la Early Action no lo es. Existe también un subgrupo del proceso de solicitar por anticipado que se denomina Restrictive Early Action (acción anticipada restringida) o Single Choice Early Action (acción anticipada de selección única), y ninguna de estas dos es vinculante. Por lo general, los estudiantes deben entregar una solicitud el primero de noviembre hasta la medianoche o antes, para que sea considerada "anticipada". Algunas universidades tienen una fecha límite del 15 de noviembre.

Los solicitantes que buscan la Early Action podrán solicitar admisión a otras universidades bajo el proceso de Regular Decision, pero no podrán solicitar admisión por anticipado bajo los procesos de Early Action, Early Decision, ni Restrictive Early Action (a veces denominada "Single Choice Early Action"). Lo que esto significa es que su hijo/a podrá solicitar admisión a la Stanford University con Restrictive Early Action, recibir notificación en las primeras semanas de diciembre (en vez de marzo o más tarde) y mantener su solicitud como candidato/a en cualquier otra universidad donde haya entregado una solicitud. Su hijo/a no tiene que aceptar la oferta de admisión de Stanford University y puede esperar hasta el primero de mayo para aceptar una oferta de admisión preferida.

Yo les recomiendo a mis estudiantes la Early Action (o la Restrictive Early Action) por lo que ofrece la mayor flexibilidad en cuanto a las becas de asistencia financiera. La Early Decision (cuya definición se encuentra a continuación) requiere que el o la estudiante acepte la oferta de admisión en el momento de la notificación anticipada, y por ende no aceptar ninguna otra oferta de admisión de una o múltiples universidades. Esto resulta perjudicial al estudiante latino en términos económicos, porque no permite que consideren ni que negocien otras becas de asistencia financiera.

Early Decision – A diferencia de la Early Action (definida arriba), la Early Decision es un acuerdo vinculante. Si a su hijo/a le admiten con Early Decision, él o ella tiene que asistir a aquella universidad y debe retirar cualquier otra solicitud. No le encuentro ninguna ventaja estratégica ni financiera a la Early Decision cuando su hijo/o tiene otras opciones "anticipadas" que no son vinculantes.

Regular Decision – la Regular Decision es el proceso tradicional de solicitar la admisión a la universidad. Los estudiantes solicitan admisión antes de la fecha límite indicada (generalmente el primero de enero) y reciben notificación de admisión durante las últimas semanas de la primavera (generalmente el 30 de marzo) de su último año en la secundaria. Una decisión de admisión podrá rendirse antes del 30 de marzo si la universidad participa del ciclo de "Rolling Admission" o admisión rodante. El proceso no es vinculante, y los estudiantes pueden solicitar admisión a cuantas universidades quieran con la "Regular Decision". La decisión de aceptar la admisión la toma el o la estudiante el primero de mayo o antes.

La tabla a continuación ilustra las diferencias entre los diferentes tipos de solicitud:

Tipo de solicitud	¿Es vinculante?	¿Puedo solicitor "por anticipado" a otras universidades?	¿Puedo solicitar "Decisión normal" a otras universidades?
Early Decision	Sí	No	Sí *
Early Action	No	Sí	Sí
Restrictive Early Action	No	No	Sí
Single Choice Early Action	No	No	Sí

Si recibe admisión con la Early Decision, el o la estudiante debe retirar todas las demás solicitudes y no podrá aceptar ninguna otra oferta de admisión.

CAPÍTULO 17
El ensayo personal

El ensayo personal es la pericia singular de la Mamá Quetzal. Por fortuna, existen varias maneras en que los estudiantes pueden "dar en el clavo" con su ensayo personal con la ayuda de la Mamá Quetzal.

Primero, los estudiantes pueden asistir al taller de la Quetzal Mama Personal Statement Bootcamp en su estado. Los talleres se llevan a cabo por todo Estados Unidos. Se limitan a 20 estudiantes por taller. Visite www.quetzalmama.com para mayor información. ¿Quiere invitar a la Mamá Quetzal a su estado? ¡Comuníquese con nosotros!

Segundo, para aquellos estudiantes que no pueden asistir a un taller en persona, pueden recibir las herramientas, los métodos y las estrategias comprensivas y culturalmente relevantes en el último libro de la Mamá Quetzal, *"Nailed It! Quetzal Mama's Toolkit for Extraordinary College Essays"* (¡En el clavo! La caja de herramientas de la Mamá Quetzal para extraordinarios ensayos universitarios). El libro ofrece a los estudiantes ejemplos de primera mano sobre cómo escoger la indicación correcta, cómo promover eficazmente su perfil, cómo mejor describir sus calidades únicas, y cómo evitar algunos errores comunes. Si el centro de consejería de la escuela o la biblioteca local de su área no tienen todavía este libro, pídales que lo ordenen.

Si los estudiantes no pueden asistir al taller ni pueden hacerse con una copia del libro, *"Nailed It!"*, en este capítulo cubriremos lo más importante que tienen que saber sobre el ensayo personal. Aprenderán las respuestas a las siguientes preguntas: ¿Qué es el ensayo de la solicitud a la universidad, en inglés llamado "Personal Statement"? ¿Cómo figura el ensayo en las admisiones a las universidades? ¿Quién lo lee? Y, ¿cómo se diferencia en particular el ensayo para los estudiantes latinos? Veamos cada uno de estos puntos a continuación.

¿Qué es el ensayo de la solicitud a la universidad, en inglés llamado "Personal Statement"?

El ensayo personal es un ensayo que requiere la mayoría de las universidades selectivas. Existen por lo general tres tipos de solicitudes a la universidad que requieren un ensayo personal, incluyendo:

(1) Las universidades privadas – que típicamente usan la Common Application;

(2) Las universidades de investigación públicas, incluyendo las universidades denominadas "Research 1" – que utilizan una solicitud de propiedad exclusiva para todos los recintos dentro de su región o estado; y

(3) Las universidades privadas que no utilizan la Common Application.

Las universidades privadas – La Common Application es una solicitud por internet que utilizan más de 500 universidades en los EE.UU. Un/a estudiante completa una solicitud "común" que puede ser enviada a múltiples universidades. Actualmente la Common Application requiere un ensayo de 650 palabras (y algunas universidades requieren otros ensayos de suplemento).

Las universidades de investigación públicas – Estas incluyen, sin limitarse a, las instituciones tales como la University of California, University of Texas o la University of Colorado. Estas universidades tienen sus propios requerimientos de solicitud y ensayo. Como ejemplo, la University of California requiere dos ensayos personales, con un total de mil palabras. Ver el Capítulo 3: *"Selecting the Right Prompt"* en el libro, *"Nailed It!"*

Las universidades privadas que no utilizan la Common Application – Por último, están las universidades selectivas que no usan nada de lo anterior y que tienen su propia solicitud y ensayos. Algunas de estas universidades incluyen Georgetown, MIT, y Rutgers, por nombrar unas cuantas.

¿Cómo figura el ensayo en
las admisiones a las universidades?

El ensayo le ofrece al estudiante la oportunidad de describir para el equipo de admisiones por qué es un individuo especial. Lleva al que lee la solicitud más allá de las estadísticas – el promedio de notas, el ranking en la clase, la calificación del ACT o del SAT. Permite que el lector conozca personalmente al estudiante, ofreciéndole una perspectiva sobre las experiencias de vida únicas, tales como:

- La pasión por una disciplina en particular (las ciencias biológicas, el periodismo, la ingeniería, etc.);
- Los factores que influyeron en el rendimiento académico en la escuela secundaria;
- Una apreciación de la autenticidad cultural del estudiante;
- Los obstáculos a los que se sobrepuso el o la estudiante por el camino académico;
- Todos los detalles especiales que ayudan a los equipos de admisiones a aprender sobre las características y los atributos particulares – las habilidades, fuerzas y la disposición particulares que separan a un candidato de otros.

Además de reflejar sobre cómo se usará el ensayo del estudiante, debemos conversar sobre la solicitud. Los equipos de admisiones estarán evaluando la solicitud de su hijo/a según tres dimensiones.

Primero, los oficiales de admisiones evaluarán los logros académicos. Esto se aprecia fácilmente desde el expediente de notas del estudiante y los datos estadísticos contenidos en la solicitud. Esto incluye el promedio de notas, el ranking en la clase, el desempeño en los exámenes normalizados como el SAT/ACT, las pruebas de materias del SAT, y las calificaciones de los exámenes del AP o del IB.

Segundo, los oficiales de admisiones revisarán las actividades extracurriculares. Esto también se discierne a través de la solicitud por los clubes en la secundaria, los deportes, las actividades de liderazgo así como las actividades fuera de la escuela de voluntarios y de servicio a la comunidad.

Por último, los oficiales de admisiones considerarán las calidades y el carácter personales del estudiante. Este factor es algo complicado porque las calidades y el carácter no se pueden discernir objetivamente desde una lista de actividades o de análisis estadístico.

Por esta razón, las universidades selectivas tienen un enfoque "holístico" o una "revisión comprensiva" al ir seleccionando a los candidatos. Esto significa que se considera *por entero* el perfil del estudiante – tanto los antecedentes únicos como las estadísticas académicas.

Si bien el oficial de admisiones podrá suponer ciertas calidades y características al revisar la solicitud, la mejor manera en que el o la estudiante puede contar su historia (y aprovechar el proceso holístico de revisión) es con el ensayo personal (Personal Statement en inglés). Los equipos de admisiones revisan con cuidado el ensayo para determinar si el o la estudiante será o no un complemento adicional a la promoción de estudiantes que entra a la universidad.

¿Quién lee el ensayo?

Además del personal de admisiones, otras personas probablemente lo leerán, incluyendo profesores dentro de la disciplina propuesta; consultores del proceso de admisiones a la universidad; exalumnos; y en algunos casos, lectores de ensayos contratados que no tengan afiliación con la universidad. Estos lectores expertos leerán cada ensayo, evaluándolo y calificándolo *en tres minutos o menos*. Durante el ciclo de admisiones, los lectores leerán ensayos todo el día, durante meses enteros.

¿Cómo se diferencian los estudiantes latinos
con el ensayo?

Según mi experiencia, los estudiantes latinos culturalmente auténticos y/o de primera generación, de bajos recursos, e históricamente sin representación tienen una ventaja cuando de escribir el ensayo personal se trata.

No, esto no significa que los estudiantes "minoritarios" se califican con criterios "especiales" (o sea, estándares académicos más bajos) que sus pares que no son de grupos minoritarios. Este es un mito. Seamos claros. Las universidades selectivas tienen un hito académico general con el que deben cumplir los estudiantes para ser considerados para admisión, punto y se acabó. No obstante, una vez que los estudiantes hayan alcanzado dicho hito, tienen la oportunidad de brillar con sus ensayos personales.

Entonces, ¿cuál es la ventaja que tienen los estudiantes latinos? Tenemos la ventaja con los temas en común de los que escribimos con frecuencia. Por ejemplo, nuestras historias con frecuencia son centrales a lo que es nuestra identidad cultural. Cuando consideramos que las universidades altamente selectivas típicamente admiten sólo entre un 10 y un 20 por ciento de estudiantes latinos, esto implica que la diversidad de la que escribimos tiene valor dentro de este contexto. Podemos compartir cómo nuestras experiencias de vida particulares contribuirán a un cuerpo estudiantil diversificado.

Además, con frecuencia nuestras historias representan las calidades personales de determinación, persistencia, y por decirlo claro, ganas. Estas características tienen un atractivo especial en un Ensayo Personal. Sólo aquellos estudiantes que han vivido de manera auténtica retos y obstáculos pueden expresar estas calidades en sus ensayos.

Ahora, no es que diga que todos los estudiantes latinos deben escribir de sobreponerse a la adversidad, ni enfocarse exclusivamente en la autenticidad cultural. En verdad, existen millones de maneras en las que un estudiante latino puede enfocar el ensayo personal.

¿Cuál es el balance final?

El balance final es que el ensayo personal es un componente crítico de la solicitud a la universidad. Ayuda a los oficiales de admisiones a aprender más sobre el o la estudiante – aparte de los datos estadísticos académicos. El ensayo se debe escribir durante el verano, no a finales del otoño. Ver el Capítulo 20, *"Los cronogramas de la escuela secundaria de un vistazo"* para mayor información sobre las fechas límites. Si se solicita la acción anticipada (Early Action), el ensayo personal acompañará la solicitud cuya fecha de entrega es el primero de noviembre. Si se solicita la admisión normal (Regular Admission), el ensayo acompañará la solicitud cuya fecha de entrega es el primero de enero.

Para obtener ayuda con la escritura de ensayos, encontrar el libro de Mamá Quetzal en Amazon y Barnes & Noble (ver página siguiente):

CAPÍTULO 18
Cómo seleccionar la universidad correcta

Comparto este capítulo porque quiero que su hijo/a aplique una estrategia sólida para seleccionar la universidad y aumentar las probabilidades de admisión. Esto es de particular importancia para los estudiantes de ingresos reducidos. ¿Por qué? Porque los estudiantes de ingresos reducidos califican para recibir exención de pago para las solicitudes que entreguen. Los estudiantes que no usan con prudencia las exenciones podrán "malgastarlas" todas con solicitar admisión a universidades que no compaginan con su perfil académico. !Este capítulo le ayudará a su hijo/a a evitar este trágico resultado!

Usar con prudencia las exenciones de pago significa evitar el fenómeno denominado "overmatching" en inglés que significa no dar abasto o no alcanzar lo requerido. Esto no debe confundirse con el fenómeno de "undermatching", que es:

Undermatching – sobrepasar – se refiere a los estudiantes de alto rendimiento académico, que están preparados para la universidad y que seleccionan y se matriculan en universidades con niveles de selectividad bastante por debajo del alcance su perfil académico o que no solicitan entrar a la universidad del todo. *Overmatching* – no alcanzar los requerimientos – ocurre cuando estudiantes de nivel mediano en términos de estar preparados para la universidad solicitan admisión a las universidades selectivas donde no cumplen con lo requerido. (Leer el blog de la Mamá Quetzal: "College Application Roulette: The Phenomenon of Overmatching and Why Latino Parents Should Care").

Aunque algunos "expertos" en cuestiones universitarias usan fórmulas enrevesadas para calcular las probabilidades de admisión según el promedio de notas, el ranking, las calificaciones del SAT, la solidez del programa de clases, etc., no existe una teoría absoluta para determinar por adelantado las probabilidades de admisión. Por esta razón, yo generé una herramienta de sentido común para elegir la universidad *correcta*, que se llama "*la regla de 80-10-10*". Gracias a los años que he pasado trabajando con estudiantes, he encontrado que esta herramienta es la que más sentido tiene y la que más eficaz es para determinar las probabilidades razonables que tiene un estudiante de lograr admisión.

La regla de 80-10-10 – La regla de 80-10-10 significa que el 80% de las universidades a las que se solicita debe ser "compaginado"; el 10% debe ser "de posible alcance" y el 10% debe ser de "seguridad" para la admisión. Siguiendo la regla de la Mamá Quetzal de solicitar admisión a 20 universidades, la idea es que 16 serán "compaginadas", dos serán "de posible alcance", y dos serán "las seguras". Para implementar la Regla de 80-10-10, siga los tres pasos a continuación.

Primero, el o la estudiante identificará su perfil académico. El perfile consiste de las calificaciones del SAT o del ACT, el promedio de notas y su ranking en la promoción, más las calificaciones de las pruebas de materias del SAT y las calificaciones del examen del AP o del IB.

Segundo, el o la estudiante revisa el perfil de estudiantes de primer año *admitidos* (no los candidatos) para las universidades que está considerando. Para hacer esto, el o la estudiante visitará el sitio web de las universidades a las que les interesa solicitar admisión. Casi todas las universidades competitivas tendrán un perfil de la promoción de estudiantes entrantes en la página web de Admisiones.

Por último, el o la estudiante comparará su perfil con el de los estudiantes que están siendo admitidos. Su hijo/a sabrá de inmediato si su perfil combina con el de los estudiantes admitidos a la universidad. ¡Nada más! No se requiere una calculadora ni algoritmo sofisticado. No hay nada misterioso con esta fórmula si utiliza este enfoque de sentido común.

De manera alternativa, su hijo/a podrá usar una herramienta en línea para encontrar las universidades que compaginan con su perfil. Si bien existen muchos sitios web de este tipo, ¡tenga cuidado! Algunos de los sitios son máquinas de marketing dedicadas a recolectar los perfiles de estudiantes para promover sus productos y servicios. Mis estudiantes me cuentan que el sitio web llamado "Big Future", que administra el College Board, es una herramienta muy útil al usar el filtro *Test Scores and Selectivity* que se encuentra en bigfuture.collegeboard.org.

Ahora que su hijo/a tiene a su disposición sus datos estadísticos académicos, y una lista de universidades, hay que poner a las universidades en tres diferentes canastas. Las canastas representarán "compaginadas", "de posible alcance", y "seguras".

Las universidades compaginadas – una universidad "compaginada" es aquella en la que las calificaciones de su hijo/a están estrechamente alineadas con las del perfil del estudiante admitido a la promoción entrante. Algunos expertos recomiendan que las calificaciones caigan dentro del 5% de las de los estudiantes admitidos.

Por ejemplo, consideremos la Stanford University. Actualmente, su índice de admisión está alrededor del 5% y el 6%. Típicamente, los estudiantes admitidos a Stanford tienen calificaciones compuestas de SAT de entre 2070 y 2350, con un promedio de notas alrededor del 3,9. De manera similar, el estudiante admitido típico tiene una calificación compuesta del ACT de 32. Estos datos tendrían que darles a los estudiantes una idea general de si compaginan o no con esta universidad. Con un índice de admisión de 5% a 6%, podrá ver con facilidad que la mayoría de los estudiantes no logrará admisión.

Usando el ejemplo de Stanford, si Marisol tiene una calificación compuesta del SAT de 2100 y un promedio de notas del 3.95, entonces Stanford "compagina" con su perfil académico. En cambio, si Marisol tiene una calificación compuesta del SAT de 1700 y un promedio de notas del 3.4, no sería una universidad "compaginada". Para poner este ejemplo en contexto, las universidades ultra-competitivas como la Stanford University casi siempre son "de posible alcance" para casi todos los estudiantes, simplemente por el número tan reducido de admisiones cada año.

Una universidad de posible alcance – las llamadas Ivy League y la mayor parte de las universidades privadas ultra selectivas se deben considerar universidades "de posible alcance" para la mayoría de los estudiantes. Esto se debe sencillamente a las cifras – en las que más del 90% de los estudiantes no logra admisión cada año. Aparte de este grupo ultra selectivo, una universidad de posible alcance se define como una en la que el perfil del estudiante está moderadamente por debajo del perfil promedio de los estudiantes admitidos. Hay que enfatizar "moderadamente por debajo" el promedio y no significativamente o extremadamente fuera del alcance de calificaciones aceptables. En otras palabras, una universidad de posible alcance no se debe confundir con la universidad "de ensueños" (que se basa en fantasía, no en la realidad), donde las probabilidades de admisión son tremendamente reducidas.

Una universidad segura – Una universidad segura es la universidad a la que probablemente su hijo/o será admitido/a porque su perfil es *superior* al perfil promedio de los estudiantes admitidos.

Por ejemplo, veamos a Miguel, quien tiene un promedio de notas de 4.0 no ponderado, una calificación compuesta del SAT de 2080, y un ranking de número 2 en su promoción. Miguel no consideraría a Yale ni a Princeton como "universidades seguras" porque no puede estar seguro que recibirá admisión a ninguna de las dos. Sus universidades seguras incluirían universidades menos selectivas en las que sus calificaciones son superiores al perfil estudiantil promedio.

¡Nótese! Los estudiantes deben presentar solicitudes a universidades seguras que sean de verdad opciones viables para matricularse. En otras palabras, un estudiante no debe nunca presentar una solicitud a una universidad segura cuando no tiene intención alguna (ni deseo) de asistir a esa universidad. Las universidades seguras se deben elegir con tanta consideración, análisis y tiempo como las universidades compaginadas. En el caso extremadamente raro en el que un estudiante no logra admisión a ninguna de las universidades compaginadas, debe estar preparado a asistir a una universidad segura. Este caso puede resultar devastador para los estudiantes que no dedicaron ni consideración ni esfuerzo en la selección de universidades seguras.

Además del perfil académico, existen otros factores que el o la estudiante debe considerar cuando elige la lista de 20 universidades. Algunos de estos factores incluyen:

Su especialidad o disciplina
Preferencia geográfica
Universidad pública o privada
Tamaño de la universidad
Ventaja para la universidad graduada
La importancia de la cultura de la universidad
Programas de diversidad e inclusión
Programas de asistencia financiera
Índice de graduación

La Mamá Quetzal recomienda 20 universidades – Yo recomiendo 20 universidades por dos razones importantes.

Primero, con base en sólo cifras, la presentación de solicitudes a 20 universidades usando la regla de 80-10-10 significa que el o la estudiante tendrá la mayor probabilidad de admisión. Al tener más ofertas de admisión, el o la estudiante tiene mayores probabilidades de recibir superiores paquetes de asistencia financiera. Si se presenta a sólo tres o cuatro universidades, se limita en cuanto a las probabilidades numéricas.

La segunda razón es porque los estudiantes que califican (por ingresos) reciben exenciones de los pagos para las solicitudes a las universidades. Por lo tanto, no existe razón por la que limitar el número de universidades a las que presentan solicitudes. No importaría si el o la estudiante presentara solicitudes a tres universidades privadas o a 30 universidades privadas porque el costo no figuraría. Una lista de 20 universidades es manejable, a diferencia de 30, 40 o 50 universidades. ¿Cómo funciona esto?

Si su hijo/a recibió una exención de pago para el PSAT o el SAT, calificaría para la exención de pago para las solicitudes que presentan a las universidades. Para mis estudiantes en California, reciben 4 exenciones de pago para el sistema universitario estatal (California State University) y 4 exenciones de pago para el sistema de la University of California, que son 8 exenciones. A continuación, pueden presentar solicitudes a 12 universidades privadas usando la Common Application y aplicando las exenciones de pago a aquellas universidades. Esto significa que los estudiantes no pagarán ningún gasto cuando presentan 20 solicitudes.

Por último, el presentar solicitudes a 20 universidades permite que el o la estudiante solicite admisión a una amplia gama de universidades de su estado, de fuera de su estado, públicas y privadas, a través de diversas regiones geográficas. Como varían mucho los paquetes de asistencia financiera entre una universidad y otra (y hasta entre el mismo sistema universitario), las probabilidades que el o la estudiante reciba un fuerte paquete aumenta al tender una red más amplia.

¡Resumen! En resumidas cuentas, los estudiantes deben solicitar admisión a 20 universidades usando la *Regla de 80-10-10*. Deben saber cuál es su perfil académico y elegir un total de 20 universidades, con 16 universidades compaginadas, 2 de posible alcance y 2 seguras. Además de seleccionar a universidades que compaginan con su perfil académico, también deben poner enfoque en las que ofrecen su especialización, en las que están dentro de su preferencia geográfica, y en las que pueden ser trampolín de lanzamiento a la escuela graduada.

CAPÍTULO 19
La entrevista en la universidad

La mayoría de las universidades competitivas, pero no todas, invita a los estudiantes a entrevistarse. La entrevista puede llevarse a cabo en el recinto universitario (si usted ha programado una visita), o en su escuela secundaria (donde visita un/a representante de la universidad), o en un lugar designado, coordinado por la asociación de exalumnos de la universidad.

Lo que es y lo que no es la entrevista – La entrevista no es una reunión decisiva. Es sólo un punto de referencia para la universidad. La reunión puede o confirmar lo que ya sabe la universidad sobre su hijo/a, o puede (en muy pocos casos) ofrecerle a la universidad una perspectiva única que no hubiera podido discernir en la solicitud. Yo creo que las universidades también usan la entrevista para determinar su posible rendimiento. Si un estudiante no acepta entrevistarse con una universidad, esto se puede ver como indicación que la universidad no está entre las opciones preferidas del estudiante. Si la universidad le ofrece admisión, el estudiante podrá rechazarla; y esta decisión surte un impacto sobre su "rendimiento". El rendimiento es el porcentaje de estudiantes admitidos que acepta la oferta de admisión y se matricula (o se inscribe) en la universidad.

Mi hija no se entrevistó con la Yale University, la University of Pennsylvania, la Stanford University ni la Johns Hopkins University porque no tenían representantes en nuestra región. No obstante, recibió ofertas de admisión de las cuatro universidades. Mi punto es para demostrar que no hay necesariamente una correlación entre la entrevista y el ser admitido a la universidad. Muchas universidades (incluyendo las muy selectivas) invitan a todo estudiante que presenta una solicitud a entrevistarse. Sin reparar en este proceso, si le invitan a su hijo/a a entrevistarse, ¡debe ir!

Entonces, ¿qué ocurre durante la entrevista? Por lo general, las entrevistas son muy informales. El entrevistador normalmente es un exalumno y pedirá reunirse en un lugar público, como en un

Starbucks. La entrevista también puede realizarse en un comercio local. En nuestra región, las entrevistas para MIT se llevaron a cabo en la residencia personal de un exalumno en una comunidad cerrada al pie de las montañas.

Sugerencias para la entrevista – Con el fin de no revelar ningún secreto de las entrevistas en las universidades, sólo ofreceré temas generales y consistentes que surgen en la mayoría de las entrevistas que tienen mis estudiantes.

Las universidades por lo general quieren saber por qué el o la estudiante les ha presentado una solicitud, cuáles son sus intereses en general, y cualquier información de contexto.

La mayor parte del tiempo, la entrevista será una conversación informal. A veces el entrevistador será el que más hable (en un intento más de reclutar que de hacer una entrevista), y a veces hará preguntas muy generales.

Para prepararse para una entrevista, el o la estudiante debería hacer dos cosas. Primero, debería considerar estas preguntas comunes:

- ¿Por qué presentaste una solicitud a esta universidad [nombre de la universidad]?
- ¿Cuáles son los programas o los recursos claves que te atraen de nuestra universidad?
- Cuéntame de tus actividades extracurriculares favoritas.
- ¿Cuál es tu materia preferida en la secundaria y por qué?
- Cuéntame sobre un libro que has leído recientemente que no fue asignación de clase.
- Describe cualquier obstáculo que has encontrado y la manera en que respondiste.

Segundo, el o la estudiante debe investigar quién es la persona que le va a entrevistar. Esto incluye buscar el nombre y la biografía de él o de ella por internet. Es probable que la biografía incluya el historial educativo y los intereses académicos del entrevistador, así como los nombres de las organizaciones en las que participa o en las que forma parte de la mesa directiva. Puede ser útil saber las influencias académicas y políticas del entrevistador cuando se formula respuestas a las preguntas en la entrevista

Por ejemplo, cuando Gabi se entrevistó con Princeton, realizó una investigación completa de su entrevistador. Tuvo suerte en que era científico y, por ende, había publicado monografías de investigación que estaban en línea. También encontró su hoja de vida (curriculum vitae) en línea y notó que tiene gran interés en la física. Una semana antes de la entrevista, Gabi pasó tiempo estudiando la física; específicamente estudió la teoría de cuerdas. Durante la conversación, Gabi presentó el tema de la teoría de cuerdas, y entablaron una conversación larga y amena. Por lo demás, ¡Princeton le ofreció un paquete de asistencia financiera muy generoso!

CAPÍTULO 20
Los cronogramas de la secundaria de un vistazo

Hay muchas fechas importantes en el proceso de la presentación de la solicitud a la universidad que caen dentro de un periodo corto. Los cronogramas a continuación llevan el orden en que su hijo/a debe procesar los. La detallada descripción de estos temas se encuentra en los capítulos anteriores y también en el Glosario, en orden alfabético del tema en inglés. Para los padres interesados en los cronogramas para los años kinder a quinto grado y para los estudiantes de la escuela intermedia, se encuentran en el Capítulo 8, *"Establecer un plan de acción"*.

El primer año de secundaria (*freshman year* en inglés)

- Sacar las más altas calificaciones posible.
- Llevar cursos de Honores, si hay.
- Inscribirse en cursos rigurosos relacionados con las universidades y especialidad de tu interés.
- Seguir la estrategia de "Las cuatro grandes" del Capítulo 8, *"Establecer un plan de acción"*.
- Desarrollar un plan de 12 meses de preparación para el PSAT.
- Unirse a los clubes de la escuela.
- Participar en servicio comunitario (100 horas).
- Encontrar una pasantía de verano.
- Comenzar a crear un currículum de estudiante.
- Leer UN MONTON de libros.

El segundo año de secundaria (*sophomore year* en inglés)

- Sacar las más altas calificaciones posible.
- Llevar cursos de Pre-AP, Pre-IB o de Honores, si hay.
- Inscribirse en cursos rigurosos relacionados con las universidades y especialidad de interés.
- Registrarse y tomar el PSAT (el tercer sábado en octubre).

- Prepararse y registrarse en las pruebas de materias del SAT (obtener exenciones de pagos, si es posible).
- Completar 100 horas de servicio comunitario.
- Comenzar a crear un perfil cibernético.
- Actualizar el currículum de estudiante.
- Encontrar una pasantía de verano.
- Leer UN MONTON de libros.
- Comenzar a ahorrar dinero para pagar el curso de preparación para el ACT o el SAT.
- Comenzar a ahorrar dinero para pagar el costo de la solicitud a las universidades (si no se califica para la exención de pagos).

El tercer año de la secundaria (*junior year* en inglés)

- Sacar las más altas calificaciones posible.
- Llevar tanto curso de Advanced Placement, IB u Honores que haya.
- Comenzando el otoño, identificar y presentarse a programas de verano con fechas límite para la solicitud anticipada.
- Comenzando el otoño, identificar y presentarse a cualquier programa potencial de "Fly-In".
- Completar 100 horas de servicio comunitario.
- Continuar con la creación del perfil cibernético.
- Generar una lista de becas con sus fechas límites.
- Registrarse y tomar el PSAT (el tercer sábado de octubre) para calificar para las becas del National Hispanic Scholar y/o National Merit Scholarship.
- Registrarse y tomar el examen del SAT o del ACT (en el invierno o la primavera).
- Planificar y registrarse para las pruebas de materias del SAT.
- Planificar y registrarse para los exámenes de AP y de IB.
- Visitar las universidades durante el receso de primavera y el verano para reducir el número de opciones de universidades.
- Tomar cursos de verano de una universidad local o comunitaria.

- Actualizar la hoja de vida.
- Identificar oportunidades de pasantías de verano (y presentarse).
- Leer UN MONTON de libros.

Cuarto y último año de secundaria (senior year en inglés)

- Sacar las más altas calificaciones posible.
- Finalizar la lista de 20 universidades a las que presentarse (Ver Regla de 80-10-10, Capítulo 18).
- Obtener cartas de recomendación de dos maestros/as y un/a consejero/a durante el primer mes del año académico.
- Completar borradores del Ensayo Personal y los Ensayos de Suplemento para el primero de septiembre.
- Ultima oportunidad para tomar el examen del SAT o del ACT completado para el primero de octubre, si se está presentando a Acción Anticipada (Early Action) con fecha límite de noviembre.
- Ultima oportunidad para tomar el examen del SAT o del ACT para octubre o noviembre, para la Decisión Normal (Regular Decision).
- Actualizar la hoja de vida para incluir actividades extracurriculares, distinciones académicas, premios, honores, etc.
- Registrarse en línea para la Common Application entre mediados y finales de agosto.
- Registrarse para las universidades privadas y públicas que no se subscriben a la Common Application.
- Enviar calificaciones oficiales a las universidades elegidas.
- Hacer limpieza final del perfil cibernético.
- Crear una hoja de referencia para las solicitudes a las universidades y entrevistas para mediados de diciembre.
- Presentarse a QuestBridge (fecha límite en septiembre).

- Presentarse al programa Gates Millenium Scholars (abre la inscripción el primero de agosto).

- Presentarse a las becas (la mayoría de las becas tiene fecha límite entre enero y el primero de abril).

Se ve que comenzando tan pronto como el primero año de la secundaria, yo les he recomendado a los estudiantes que tomen cursos de Advanced Placement, IB u Honores, si las hay en su escuela. Muchos estudiantes no llevarán estos cursos sino hasta el tercer año. No obstante, vea el Capítulo 8, *"Establecer un plan de acción"*, para ver la estrategia de aceleración para el programa de clases de mayor nivel.

Para los padres: importantes "tareas" para la asistencia financiera – Además de las fechas límites para los estudiantes, aquí hay dos importantes tareas que deben programar en el calendario los padres de familia:

- En el invierno del cuarto año de secundaria de su hijo/a: Recopilar los documentos de los impuestos del IRS del año previo para completar el formulario FAFSA antes de la fecha de prioridad. La entrega del formulario FAFSA es antes del 2 de marzo del último año de secundaria de su hijo/a.

- Si su hijo/a piensa presentarse a las universidades privadas que requieren el "CSS Profile", además del formulario FAFSA, usted necesitará la información de los impuestos del año anterior. Reúna estos documentos en octubre del último año de secundaria de su hijo/a. Ver "CSS Profile" en el *Glosario*.

Una nota importante sobre la asistencia financiera: La asistencia financiera federal y estatal se distribuye a aquellos que califican y que entregan *de manera oportuna* el formulario FAFSA. Esta fecha límite es crítica para los padres de familia. Si su hijo/a califica para recibir asistencia financiera, pero han quedado agotados los fondos federales por lo que usted entregó el formulario FAFSA después de la fecha de prioridad, es posible que su hijo/a no reciba la asistencia financiera que le toca. Visite www.fafsa.ed.gov.

¿Por qué leer UN MONTON de libros? – Para cada año he enfatizado: "Leer UN MONTON de libros". Esto es un componente anual e importante para los estudiantes por muchas razones. Los lectores voraces se desempeñan excepcionalmente bien en la porción de lectura crítica del SAT y en la porción de redacción del ACT; la lectura y la redacción van de la mano. Este nivel de lectura ayudará a los estudiantes al escribir ensayos durante sus años en la secundaria, también durante la porción del ensayo crítico de la solicitud a la universidad, y a la hora de escribir ensayos para obtener becas.

Además, en la solicitud a la universidad – son varias las universidades las que piden que los estudiantes anoten literatura que hayan leído "recientemente" más allá de la lista de lecturas requeridas en su escuela. Durante la entrevista, es posible que el entrevistador diga, "Cuéntame de un libro que ha influido en tu manera de pensar".

Los estudiantes deben suplementar su lectura con obras adicionales que se lean durante los recesos y los meses de verano. Lo ideal sería que la lista de lecturas de su hijo/a incluya obras dignas de reflexión (filósofos latinos sería lo idóneo) así como temas relacionados con la especialidad que piensa su hijo/a estudiar en la universidad.

CAPÍTULO 21
¿Listos para presentarse a la universidad?

Muchos estudiantes les sorprende cuando llega la hora de prepararse y entregar sus solicitudes a las universidades. Son tantos los componentes que contiene la solicitud, además de las fechas límites y la planificación, que puede resultar intimidante y abrumador.

Para agilizar el proceso, miremos rápidamente lo que está a continuación, para asegurar que su hijo/a esté por buen camino. Si él o ella está verdaderamente listo/a para presentarse a la universidad, ya debería haber completado lo siguiente para el otoño del último año de la secundaria:

- Recibido ya calificaciones oficiales del examen del SAT o del ACT, las pruebas de materia del SAT, y de los exámenes de AP y de IB
- Implementado la Regla de 80-10-10 (Identificando las universidades que compaginan, que son de posible alcance y las seguras)
- Elegido universidades que ofrecen la especialidad que le interesa estudiar
- Hecho una estrategia de diversidad geográfica
- Reducido la lista a 20 universidades
- Determinado Acción Anticipada o Decisión Normal
- Diseñado una hoja de vida que refleje las solicitudes
- Generado una hoja de referencia
- Revisado y obtenido cartas de recomendación
- Finalizado el Ensayo Personal y los Ensayos de Suplemento
- Solicitado las exenciones de pago (o separado fondos para pagar el costo de las solicitudes)

Recibido ya calificaciones oficiales – Ver el Capítulo 14, *"Exámenes de admisión a la universidad"* para estar seguros que su hijo/a haya tomado los exámenes correctos para la especialidad que piensa estudiar y para la selectividad de la universidad a la que se presenta. Además, los estudiantes deben revisar con cuidado la página de admisiones para el número reducido de las universidades a las que piensan presentarse para asegurar que las calificaciones oficiales se envían antes de las fechas límites de la solicitud para admisión anticipada o normal.

Implementado la Regla de 80-10-10 – Ver el Capítulo 18, *"Cómo seleccionar la universidad correcta"*. En resumidas cuentas, su hijo/a debería haber reducido su "lista corta" de 20 universidades que reflejan el 80% de compaginación, el 10% de posible alcance y el 10% de universidades seguras. Esta lista corta debe estar cuidadosamente alineada con el perfil académico de su hijo/a para rendir las mayores probabilidades de admisión.

Elegido universidades que ofrecen la especialidad que le interesa estudiar – Su hijo/a no será la primera persona en enamorarse del renombre y prestigio de una universidad. Al enamorarse, los estudiantes no ven la razón por la que quieren hacer estudios superiores en primer lugar: para aprender. Punto decisivo: si la universidad no ofrece la especialidad que piensa estudiar su hijo/a, no es una estrategia sólida el enamorarse.

Hecho una estrategia de diversidad geográfica – La diversidad geográfica es un factor importante al elegir las 20 universidades. Como los latinos suelen quedarse con las universidades que no distan de casa, es importante saber el impacto que puede tener la diversidad geográfica en las probabilidades de admisión a la universidad (Ver el Capítulo 11, *Ave enjaulada*). La mayoría de las universidades selectivas esperan atraer a estudiantes de todo Estados Unidos. La creencia es que la comunidad académica se beneficia de un grupo diversificado de estudiantes que representan historiales geográficamente diversos. Dicho esto, el simple hecho que su hijo/a provenga de una zona rural o "diversa geográficamente" no implica que tendrá una ventaja automática en el proceso de las admisiones.

Reducido la lista a 20 universidades – Ahora que su hijo/a ha incluido las universidades según su diversidad geográfica al igual que las que ofrecen su especialidad, ya está preparado/a para comenzar a recopilar la lista de 20 universidades a las que entregar solicitudes. Si el o la estudiante sigue la Regla 80-10-10, implica que 16 universidades serán "compaginadas", dos serán "de posible alcance" y dos serán "seguras". Si el estudiante está usando exenciones de pago, implica cuatro exenciones para las universidades estatales, cuatro exenciones para el segundo nivel de universidades estatales, y 12 exenciones para las universidades privadas que usan la Common Application. Ver el Capítulo 18, "*Cómo seleccionar la universidad correcta*".

Determinado Acción Anticipada o Decisión Normal – Después de leer el Capítulo 16, "*Acción anticipada versus decisión normal*", es hora de decidir cuál de estas opciones es la estrategia superior. Si opta por la opción anticipada, su hijo/a debe entender el proceso y haber elegido la universidad que rendirá las mayores probabilidades de admisión.

Diseñado una hoja de vida que refleje las solicitudes – Una de las cosas más inteligentes que puede hacer por adelantado su hijo/a es la de crear una hoja de vida. Aunque la mayoría de las universidades no requiere una hoja de vida formal, es algo muy inteligente tener. ¿Por qué? Por dos razones.

Primero, el contenido de la hoja de vida puede ser diseñado para combinar con la solicitud a la universidad en sí. Los estudiantes que se toman el tiempo de generar lenguaje adecuada e irresistible en la hoja de vida podrán "cortar y pegar" el lenguaje directamente en la solicitud. El contenido de la solicitud a la universidad es muy similar al contenido de una hoja de vida – incluyendo los honores académicos, las actividades extracurriculares, y la experiencia laboral. El tener ya compuesta esta información en una hoja de vida ahorra mucho tiempo y reduce la ansiedad. Segundo, la hoja de vida se puede usar como adjunto para muchas solicitudes para becas.

Generado una hoja de referencia – En lo que su hijo/a va investigando y recopilando la lista de las 20 universidades, es importante que mantenga una hoja de referencia. Es un documento que contiene información importante sobre las diversas universidades, tal como programas académicos especiales, programas de investigación, profesores renombrados, y actividades extracurriculares únicas a la universidad. Cuando llegue la hora de escribir los ensayos de suplemento y/o hacer la entrevista, mucha de la información habrá quedado contenida en las notas cuidadosamente compuestas por su hijo/a.

Revisado y obtenido cartas de recomendación – Mientras que la mayor parte de las universidades privadas requiere dos cartas de recomendación de los maestros y una carta del consejero de la secundaria, muchas universidades públicas *no requieren* estas cartas. Es la responsabilidad de su hijo/a cuidadosamente monitorear si los que han sido designados para escribir las cartas entregan sus formularios antes de la fecha límite a la Common Application. La recientemente mejorada Common Application contiene herramientas automatizadas para ayudar al estudiante a llevar la cuenta de cuál de las personas que lo recomiendan han entrado cartas y cuáles siguen pendientes. Antes de pedir que se cargue una carta a la solicitud, el o la estudiante tendría que haber revisado con cuidado el contenido de todas las cartas que se entreguen de su parte. Nótese que las mismas cartas de los maestros y del consejero se entregarán a *todas* las universidades a las que su hijo/a se presenta. Ver el Capítulo 15, *"Las cartas de recomendación"*.

Finalizado el Ensayo Personal y los Ensayos de Suplemento – Si su hijo/a está utilizando la Common Application, se requiere un ensayo de 650 palabras de largo que se entregará a todas las universidades elegidas. Además, algunas universidades selectivas requieren ensayos de suplemento. Lo que es más, si su hijo/a se presenta a universidades que no usan la Common Application – como Georgetown, MIT o Rutgers – entonces se requiere también otro ensayo más (o serie de ensayos). Por último, existen muchas universidades públicas que tienen su propia solicitud e indicaciones para ensayos. Es importante que su hijo/a haya redactado estos ensayos muy por adelantado. Para las estrategias para "dar en el clavo" con el Ensayo Personal, consiga *"Nailed It! Quetzal Mama's Toolkit for Extraordinary College Essays"*.

Solicitado las exenciones de pago – Hoy, el costo de entrega de solicitudes para algunas universidades puede ser de entre $75 a $90, ¡para una sola solicitud! Afortunadamente, los estudiantes que califican por razones de ingresos y que han tomado el SAT o la prueba de materias del SAT utilizando una exención de pago recibirán exenciones de pago para las solicitudes a las universidades.

Por ejemplo, los estudiantes que califican en California reciben cuatro (4) exenciones de pago para la University of California y cuatro (4) para la California State University. Típicamente, estas exenciones de pago se entregan en agosto a los estudiantes por vía electrónica del College Board. Si su hijo/a se presenta a universidades privadas y califica por razones de ingresos, puede entregar solicitudes a cualquier universidad que use la Common Application y recibirá una exención de pago. Por esta razón, yo les aconsejo a los estudiantes a presentarse a 20 universidades, porque no pagarán de su bolsillo los costos de la solicitud. ¡Gracias al cielo por las exenciones de pagos!

Cierre

Yo espero que este libro les haya servido como recurso a usted y a sus hijos o estudiantes, y para los que están dentro de su organización o comunidad. Les deseo a todos los Papás y las Mamás Quetzales todo éxito con sus esfuerzos, y ¡cuento con ustedes para asegurar que nuestros estudiantes latinos logren admisión a las mejores universidades!

Apoye la misión de la Mamá Quetzal – La Mamá Quetzal ofrece programas y servicios *sin costo* el año entero a estudiantes latinos de primera generación y de bajos recursos. Cien por ciento de la venta de libros, honorarios por ponencias y donaciones van directamente a los programas ofrecidos sin costo. ¿Por qué no contribuir a nuestra comunidad, para que más estudiantes merecedores puedan recibir entrenamiento excepcional para asistir a la universidad? Para aprender cómo donar a la misión de la Mamá Quetzal, envíe un correo electrónico a quetzalmama@gmail.com.

Invite a la Mamá Quetzal a su escuela o a su organización – Si a usted le gustaría invitar a la Mamá Quetzal a su localidad, escuela secundaria u organización, comuníquese conmigo en quetzalmama@gmail.com. Puedo hacer presentaciones "en vivo" para su distrito escolar local, programa para estudiantes destinados a la universidad, y grupo de padres, o de manera remota, mediante el plataforma Cisco WebEx, como "webinar".

¡Pase la voz! Si a usted le gustó este libro, me encantaría que me deje un comentario por Amazon.com, Barnesandnoble.com, o Goodreads.com. Si el libro no lo tienen en su distrito escolar local, biblioteca pública, u Oficina de Educación Migrante, ¡pida que lo adquieran! Así otros en su comunidad podrán recibir los valiosos consejos. ¡Vamos a potenciarnos los unos a los otros para que nuestros hijos latinos tomen vuelo y se eleven! ¡Mamás Quetzales, sí se puede!

Roxanne Ocampo, "Mamá Quetzal"

REFERENCIAS

1. Ceballo, Rosario. *From Barrios to Yale: The Role of Parenting Strategies in Latino Families.* University of Michigan. *Hispanic Journal of Behavioral Sciences*, Vol. 26 No. 2, May 2004.

2. Cohen, Geoffrey L., and Garcia, Julio. *Identity, Belonging, and Achievement : A Model, Interventions, Implications.* Current Directions in Psychological Science 2008 17: 365-369.

3. Cohen, Geoffrey L., et. al. *Recursive Processes in Self-Affirmation: Intervening to Close the Minority Achievement Gap.* Science, Vol. 324, No. 5925, pp. 400-403.

4. Quiñones-Hinojosa, Dr. Alfredo, mensaje electrónico a la autora, 2 de mayo, 2012.

5. Quiñones-Hinojosa, Dr. Alfredo, *Becoming Dr. Q: My Journey from Migrant Farm Worker to Brain Surgeon.* California: University of California Press, 2011.

6. Rodriguez, Gloria G., Ph.D. *Raising Nuestros Niños: Bringing Up Latino Children in a Bicultural World.* New York: Fireside, 1999.

7. Sedlacek, William E.: *Beyond the Big Test: Noncognitive Assessment in Higher Education.* San Francisco, CA: Jossey Bass, 2004.

8. "Self Affirmation". Oxford Dictionary. Available online: http://oxforddictionaries.com/definition/self-affirmation?region =us&q=self+affirmation; Fecha de acceso: primero de mayo, 2012.

GLOSARIO

80-10-10 Rule (Regla 80-10-10) – La regla general de la Mamá Quetzal diseñada para ayudar a los estudiantes a lograr máximas probabilidades de admisión. Los estudiantes deben presentarse a un 80% de universidades "compaginadas"; a un 10% de universidades "de posible alcance"; y a un 10% de universidades "seguras".

AB540 – AB540 es una ley de la Asamblea Estatal de California, promulgada el 12 de octubre del 2001, auspiciado por el Gobernador de California Gray Davis. Se adoptó al Código Educativo de California § 68130.5 y es una ley estatal de California que permite que estudiantes *indocumentados* que califiquen, paguen matrícula como residentes del estado en las universidades estatales.

ACT – Siglas de American College Testing, un examen que cubre las materias de inglés, matemáticas, lectura y ciencias. También incluye una porción optativa de ensayo que dura 30 minutos. Los estudiantes pueden tomar este examen en vez de tomar el SAT. Las universidades usan el ACT como herramienta de evaluación para considerar las admisiones. Ver el Capítulo 14, *"Exámenes de admisión a la universidad"*.

Advanced Placement (o "AP") – Son las clases de la secundaria designadas como preparatorias para la universidad y se ponderan para el promedio de notas (GPA por sus siglas en inglés) y para propósitos de ranking dentro de la promoción. Los exámenes de los cursos AP se pueden tomar después de completar las respectivas asignaturas. Ver el Capítulo 12, *"La selección de cursos"*.

Affirmative Action – Son los pasos positivos, pro-activos, que toma una universidad para propósitos de admisión, y que contribuyen a la igualdad de acceso para grupos minoritarios históricamente mal representados, que históricamente han sido excluidos o mal representados en la educación universitaria.

AP and IB Examinations – Los exámenes de Advanced Placement (AP) y del International Baccalaureate (IB) son exámenes que corresponden a las asignaturas en la secundaria. Los exámenes de AP los administra el College Board cada mayo, mientras que los exámenes de IB los administra la International Baccalaureate Organización cada mayo y cada noviembre. Ver el Capítulo 12, "*La selección de Cursos*", y el Capítulo 14, "*Exámenes de admisión a la universidad*".

Ave Enjaulada – En referencia al dicho de la Mamá Quetzal: "Ave que no vuela, es ave enjaulada". Se refiere a los padres latinos que insisten que sus hijas asistan a universidades cerca de casa. Ver el Capítulo 11, "*Ave enjaulada*".

Bachelor's Degree – un título de pre-grado (undergraduate en inglés) que ofrecen las universidades de 4 años. Según la especialidad, los estudiantes obtienen un título llamado Bachelor of Arts o Bachelor of Science.

Big Four (Las cuatro grandes estrategias) – Los cuatro componentes críticos requeridos simultáneamente para la graduación de la Mamá Quetzal: la preparación para la universidad, la preparación para la disciplina en particular y la preparación para presentarse a una universidad privada o competitiva. Ver el Capítulo 8, "*Establecer un plan de acción*".

Blind Letter (Carta ciega) – Una carta de recomendación escrita por una persona que evalúa al estudiante sin permitir que vea el contenido (sea positivo o negativo). Ver el Capítulo 15, "*Las cartas de recomendación*".

Class Rank (Ranking en la promoción) – El ranking en la promoción es una medida calculada que se deriva exclusivamente del rendimiento académico de su hijo/a en relación a otros estudiantes en su promoción. El Registrador de la escuela secundaria es quien calcula el ranking tomando en cuenta varios factores, incluyendo los cursos ponderados (por ejemplo, los de AP o IB), los niveles de grado específicos, (por ejemplo, cursos del grado diez al grado doce) y otros factores particulares a la institución educativa. La mayoría de las universidades revisarán con cuidado el promedio de notas y el ranking del estudiante, prestando atención en particular al promedio de notas ponderado. El ranking ponderado incluye los cursos de Honores y de AP/IB (aquellos que se considera son los más difíciles).

College Board – Una organización sin fines de lucro que administra varios programas para estudiantes, incluyendo los exámenes de Advanced Placement (AP), PSAT, SAT y las pruebas de materias del SAT.

Common Application – Es la solicitud en línea que usan casi todas las universidades privadas y competitivas (incluyendo las llamadas *Ivy League*). Los estudiantes la completan y la entregan a cualquiera de las 500 y más universidades asociadas, las cuales se encuentran en www.commonapp.org.

Community College – También llamadas en inglés "Junior College". Son instituciones de educación universitaria de dos años que ofrecen programas de cursos transferibles, títulos de Asociados (Associate Degrees), y/o asignaturas con créditos transferibles a un título de Bachelor's en una universidad de cuatro años. Las community colleges también ofrecen programas de cursos de oficios o técnicos diseñados para preparar a los estudiantes para el empleo en un plazo de dos años.

CSS Profile (Perfil CSS) – Es una solicitud en línea que administra la College Board, que recoge información financiera de los estudiantes por parte de aproximadamente 400 universidades y programas de becas. El perfil es añadido al formulario FAFSA.

Cultural Authenticity (Autenticidad cultural) – Un estudiante que haya desarrollado una identidad cultural con base en experiencias vitales auténticas dentro de un grupo cultural y que se identifica positivamente con aquel grupo. Ver el Capítulo 13, *"Actividades extracurriculares"*.

Cyber Profile (Perfil cibernético) – La presencia pública, en línea de un estudiante, conocida también como una "huella" digital. El perfil representa la actividad del estudiante en varias plataformas de medios sociales, tales como Facebook, YouTube, Instagram y Twitter, por nombrar unos cuantos. Muchos equipos de admisiones revisarán el perfil de un/a estudiante antes de tomar una decisión sobre la admisión. Por esta razón, los padres deben ayudar al estudiante a "limpiar" y quitar imágenes o postes cuestionables, para crear un perfil positivo y apto para la promoción.

DACA (Deferred Action for Childhood Arrivals/ Acción Diferida para los Llegados en la Infancia) – Si bien los estudiantes DACA no califican (por el momento) para recibir asistencia federal, es posible que sí puedan recibir asistencia estatal. Hay una lista creciente de universidades que ofrecen "Tuition Equity" (Equidad en la matrícula) a los estudiantes indocumentados. Para ver una lista completa y actualizada, visite UnitedWeDream.org.

Deferral (Aplazamiento) – Cuando se denomina "deferred" a un estudiante, significa que la oficina de admisiones no ha recibido aun todos los materiales del candidato, y por ende, está aplazando la decisión hasta poder evaluar correctamente al candidato. Hay una diferencia entre *"deferral"* y *"waitlisted"*.

DREAM Act – Development, Relief and Education for Alien Minors Act (Ley de Desarrollo, Alivio y Educación para Menores Extranjeros). Se presentó esta legislación al Congreso de la nación en el 2001, pero no ha sido promulgada todavía. No obstante, en California – efectivo el primero de enero del 2012 – la ley estatal AB 130 permite que los estudiantes en California que cumplen con los requerimientos de residentes del estado para la matrícula pueden solicitar y recibir becas derivadas de fondos que no sean públicos. Efectivo el primero de enero del 2013, la ley estatal AB 131, permite que aquellos estudiantes que califican según la ley estatal AB540 reciban algunas becas estatales. Otros estados podrán tener leyes similares a las AB130 y AB131 del estado de California. Para mayor información, visite UnitedWeDream.org. e4fc.org, Maldef.org, o NCLR.org. Para ver las becas para estudiantes calificados según la ley estatal AB540, visite www.quetzalmama.com.

Early Action (Acción anticipada) – Esta opción permite que los estudiantes entreguen solicitudes a las universidades hasta el primero de noviembre a la medianoche para ser considerados "Early". La acción anticipada ofrece pocas restricciones y muchas ventajas, incluyendo una ventaja estadística. No se debe confundir esta opción con la de Early Decision (Decisión anticipada). Ver el Capítulo 16, "*Acción anticipada versus decisión normal*".

Early Decision (Decisión anticipada) – Esta opción se distingue de la acción anticipada en que es *vinculante* y tiene implicaciones financieras. Ver el Capítulo 16, "*Acción anticipada vs. decisión normal*".

EFC (Estimated Family Contribution/Estimación de la Contribución Familiar) – La EFC es una estimación de la capacidad que tiene una familia de contribuir al costo de la universidad de su hijo/a. Es la cifra que usan las universidades para calcular y determinar la cantidad de asistencia federal para la que califica el o la estudiante. La EFC no es el monto que debe pagar la familia para la universidad ni tampoco es el monto de asistencia que recibirá el o la estudiante.

Extracurricular Activities (Actividades extracurriculares) – Son las actividades realizadas fuera del salón de clases que pueden contribuir a una formación integral. Incluyen actividades tales como los deportes, los clubes, el gobierno estudiantil, organizaciones de recreo y sociales y eventos. Ver el Capítulo 13, "*Actividades extracurriculares*".

FAFSA – Free Application for Federal Student Aid (Solicitud gratuita para asistencia federal para estudiantes). Ver www.fafsa.gov.

Fee Waiver (Exención de pago) – Una exención, que ofrece el consejero de la escuela, la universidad, o la College Board, que elimina tener que pagar una tasa. Por ejemplo, un estudiante podrá pedir una exención de pago para el examen del PSAT o del SAT. O, la estudiante podrá pedir una exención del pago para la solicitud de admisión a la universidad.

Financial Aid (Asistencia financiera) – Para adquirir mayor comprensión de lo básico pertinente a la asistencia financiera, visite www.studentaid.ed.gov y también www.fafsa.ed.gov.

First Generation Student (Estudiante de primera generación) – Aquellos estudiantes cuyos padres no completaron o no se graduaron de una universidad de cuatro años. Esta definición incluye a los estudiantes que podrán tener hermanos mayores que actualmente cursan estudios universitarios o que ya se han graduado de la universidad, porque aun así, igual pertenecen a la primera generación dentro de su respectiva familia en cuanto a asistir a la universidad.

Fly-In Programs (Programas de visita) – Un grupo selecto de universidades cubrirá los costos ida y vuelta y la vivienda para los estudiantes de secundaria que podrían ser candidatos de admisión. La meta de estos programas es la de recluir a candidatos más diversos, y su fin es el de familiarizar al estudiante con el recinto universitario, con su cultura y con aspectos de la asistencia financiera. Existen muchas universidades selectivas que albergan programas visita, incluyendo MIT, Yale y Johns Hopkins.

Freedom of Information Act (FOIA) – Ley de la Libertad de Información) – Esta ley federal permite que los padres pidan y obtengan ciertos documentos de un jardín de infantes, de una escuela de primaria pública o privada, o de una escuela secundaria. Ver el Capítulo 5, *"Haga que el sistema funcione para usted"*.

GATE – Un programa de fondos estatales en las escuelas públicas de kinder a 12 grado para los estudiantes intelectualmente "dotados". Ver el Capítulo 5, *"Haga que el sistema funcione para usted"*.

Geographic Diversity (La diversidad geográfica) – Una estrategia de los candidatos para ampliar su red de universidades a las que se encuentran a más de 500 millas de casa (o fuera del estado en que viven). Esta es una estrategia de admisiones porque con frecuencia las universidades están a la busca de candidatos de diversas regiones geográficas para diversificar su promoción entrante.

GPA (Grade Point Average/Promedio de notas) – El promedio de notas de un estudiante se determina con sumar el total de los valores de los puntos graduales para todos los cursos completados durante la escuela secundaria y dividirlos por el número total de créditos. Por ejemplo, una A = 4 puntos; B = 3 puntos; C = 2; D = 1; y F = 0. El promedio de notas podrá ser ponderado o no.

Hispanic Serving Institution (HSI) – Una universidad o distrito en el que la matrícula total de estudiantes hispanos llega a por lo menos el 25%. El gobierno federal designa la categoría de HSI y ofrece fondos mediante concesiones para asistir a estudiantes hispanos de primera generación y de bajos recursos.

Historically Underrepresented or Minority Student – Un estudiante históricamente mal representado o estudiante minoritario – Es el o la estudiante que forma parte de una población racial o étnica que tiene poca representación en la educación universitaria, en relación con el número del grupo en la población en general. De manera específica, nos referimos a los africano-americanos, los mexicano-americanos, los indígenas norteamericanos (nativos de Alaska y de Hawaii), personas de las Islas del Pacífico y puertorriqueños que viven en el continente.

IB – International Baccalaureate (IB) es un programa difícil de secundaria que dura dos años y que puede llevar a un diploma IB. Ver el Capítulo 14, *"Exámenes de admisión a la universidad"*.

Ignacia la Ingeniosa – Este término describe a un tipo de personalidad de mucho ingenio que lee libros, investiga sitios web, y habla con maestros y padres de familia para poder asegurar los recursos que necesita para sus hijos. Ver el Capítulo 7, *"Ignacia la ingeniosa"*.

Impacted (impactado) – Esto se refiere a las especialidades o programas académicos que se consideran altamente selectivos en una universidad porque el número de candidatos es mucho mayor que el número estudiantes admitido en un año dado.

Ivy League – La "Liga de la hiedra" comenzó como una conferencia deportiva en 1954 que incluía ocho universidades privadas, incluyendo Brown University, Columbia University, Cornell University, Dartmouth College, Harvard University, Princeton University, la University of Pennsylvania, y Yale University. Hoy la

Ivy League representa a las más universidades más prestigiosas, a las que es más difícil lograr admisión.

Legacy Applicant (Candidato por herencia) – Un candidato a la universidad que recibe preferencia en las admisiones por la relación histórica de su familia (normalmente, padre, madre o uno de los abuelos) con la institución.

Letter of Recommendation (Carta de recomendación) – Una carta que requieren muchas universidades, aunque no todas. La carta es un componente de muchos en la solicitud para la admisión a la universidad. Ver el Capítulo 15, "Las *Cartas de Recomendación*".

Liberal Arts College – Una institución que ofrece títulos universitarios cuyo enfoque es el desarrollo del intelecto y una amplia instrucción en las humanidades y las ciencias, a diferencia de capacitación profesional, de oficio o técnico.

Likely Letter – Una carta en extremo poco vista de las universidades altamente selectivas, enviada a los candidatos más aptos del grupo que solicita admisión. Se envía esta carta mucho antes que el proceso normal de notificación de la decisión, y su contenido dice que si bien se prohíbe que la universidad ofrezca con tanta anticipación una carta oficial de admisión (por los reglamentos legales), es una decisión de admisión no oficial.

Major/Minor (Especialidad/Estudios menores) El término "*major*" significa el campo de estudio (o disciplina) de un/a estudiante en la universidad, que frecuentemente lleva a un título en particular. Ejemplos de las especialidades comunes en las universidades son: la ingeniería, estudios pre-médicos, la ciencia política, etc. El término "*minor*" significa un campo de estudio (o disciplina) menor o secundario en la universidad.

National Hispanic Scholar – El National Hispanic Recognition Program (NHRP) que administra la College Board identifica a estudiantes hispanos de los EE.UU. con alto rendimiento de acuerdo con su calificación en el PSAT y su promedio de notas. Los estudiantes que reciben esta distinción podrán recibir incentivos económicos de varias universidades. Ver el Capítulo 14, *"Exámenes de admisión a la universidad"*.

Need-Blind Admission (Admisión sin considerar necesidad) – Una política de admisiones por la que las universidades toman decisiones de admisión sin considerar la situación económica de los candidatos.

Online Classes (Clases en línea) – Las clases en línea se reúnen por medio de una conexión en línea y los estudiantes participan mediante un sistema de administración de educación en línea. Los estudiantes tienen acceso y participan en las conferencias, se comunican con sus compañeros de clase y con los instructores, y entregan asignaturas mediante la conexión en línea.

Overmatching – Se refiere a los estudiantes preparados para la universidad que tienen un rendimiento académico de nivel medio y que solicitan admisión a universidades en las que están poco calificados (su perfil académico está por debajo del perfil de los estudiantes admitidos).

Prerequisite Courses (Cursos de prerequisito) – Una condición o requerimiento con el que hay que cumplir antes de matricularse en un curso. Para cumplir con un requisito, los estudiantes típicamente deben sacar una "C" o más en el curso para poder avanzar al siguiente curso.

Priority Date (Fecha de prioridad) – Una fecha que establece FAFSA para cuando los estudiantes han de tener finalizado y entregado su formulario FAFSA para poder ser considerados para recibir asistencia financiera.

Private College or University (Universidad privada) – Las universidades privadas dependen de los ingresos de una dotación, de donaciones privadas, de organizaciones religiosas u otras, y de la matrícula que pagan los estudiantes.

Prompt (Indicación) – Una pregunta o una aseveración, generalmente contenida en una solicitud a la universidad o a una beca, que requiere que el o la estudiante responda por escrito (ensayo).

PSAT – Preliminary SAT/National Merit Scholarship Qualifying Test es un examen que se toma en los grados diez y once conocido comúnmente por PSAT. Ayuda a los estudiantes a prepararse para el SAT y mide tres áreas: habilidades de lectura crítica, de resolución de problemas matemáticos y de redacción. Ver también el Capítulo 14, *"Exámenes de admisión a la universidad"*.

Public College or University (Universidad pública) – Las instituciones públicas reciben fondos principalmente del estado o de otras entidades gubernamentales y las administran juntas directivas públicas.

QuestBridge – un programa nacional sin fines de lucro que conecta a estudiantes de alto rendimiento y bajos recursos con becas completas a la universidad y con oportunidades educativas mediante asociaciones con importantes universidades de los Estados Unidos.

Quetzal Mama (Mamá Quetzal) – Este término identifica a una mamá latina orgullosa quien hará cualquier cosa por asegurar que sus hijos realicen el trayecto por el que se han decidido. Una Mamá Quetzal sabe que sus hijos cuentan con dotes y talentos especiales y que contribuirán profundamente a la sociedad. Ver el Capítulo 1, *"¿Qué significa Mamá Quetzal?"* Quetzal Mama es también el pseudónimo de la autora, Roxanne Ocampo.

Quetzal Mama Principles (Los principios de la Quetzal Mama) - - Estos 10 principios representan un enfoque filosófico a la crianza propicia de nuestros futuros dirigentes latinos. Ver el Capítulo 3, *"Los 10 principios de la Mamá Quetzal"*.

Rank (Class Rank) (Ranking en la promoción) – Una medida numérica del nivel de rendimiento académico de su hijo/a, en relación a otros estudiantes en su promoción, con base en el promedio de notas.

Reach School (Universidad de posible alcance) – Se define como una universidad en la que el perfil académico de un estudiante esta moderadamente por debajo del perfil académico medio de los estudiantes admitidos. Ver el Capítulo 18, *"Cómo seleccionar la universidad correcta"*.

Rolling Admission (Admisión rodante) – Una práctica de admisión que usan algunas universidades para revisar y completar las solicitudes en lo que van llegando, en vez de revisarlas según una fecha determinada. Los estudiantes por lo general reciben decisiones de admisión rápidamente de las universidades que usan este proceso.

Safety School (Universidad segura) – Es una universidad a la que un/a estudiante probablemente será admitido/a porque su perfil académico es superior al de los estudiantes admitidos. Ver el Capítulo 19, *"Cómo Seleccionar la Universidad Correcta"*.

SAR – Student Aid Report (Informe de asistencia al estudiante) es un bosquejo de la situación económica de usted y es lo que usan las universidades para documentar la asistencia financiera que recibe.

SAT – Scholastic Aptitude Test es un examen que administra la College Board, para determinar la aptitud en la lectura crítica, la redacción y las matemáticas. Ver el Capítulo 14, *"Exámenes de admisión a la universidad"*.

SAT Subject Test (Prueba de materias del SAT) Un examen de una hora, de opción múltiple que administra la College Board y que mide el conocimiento del estudiante en una de 20 materias. Ver el Capítulo 14, *"Exámenes de admisión a la universidad"*.

Selective College or University (Universidad selectiva) – Un recinto universitario donde las probabilidades de admisión son muy reducidas, basándose en factores tales como calificaciones del ACT o el SAT, el promedio de notas y el ranking en la promoción, entre otros.

Transcript (Expediente) – Un registro cumulativo del historial académico de un/a estudiante que incluye cursos completados, un promedio ponderado y no, designación de Honores, programas de reconocimiento, calificaciones de exámenes de competencia estatales (si se aplica en su estado). Calificaciones del ACT y/o el SAT y las pruebas de materias, y las de AP e IB.

Undermatching – Se refiere a estudiantes preparados para la universidad, de alto rendimiento académico, quienes optan por y se matriculan en universidades cuyos niveles de selectividad están muy por debajo de su perfil académico o simplemente pasan de ir a la universidad del todo.

Universal College Application (Solicitud universal a la universidad) – Es una solicitud estándar que aceptan más de 45 universidades miembros de la Universal College Application, que se encuentran en: www.universalcollegeapp.com.

Un-Weighted GPA (Promedio de notas no ponderado) – Es el promedio calculado de las notas cumulativas de la escuela secundaria de un estudiante, según la escala normativa de 4,0. La mayoría de las universidades revisarán los promedios de notas ponderados y no.

Valedictorian – El título otorgado al estudiante de mayor ranking académico dentro de una promoción que se gradúa. Este/a estudiante tradicionalmente ofrece el discurso principal en la ceremonia de graduación.

Waitlist (Lista de espera) – Una lista de candidatos a la universidad que no han sido ni admitidos ni rechazados, sino puestos en una lista de espera. Esto ocurre cuando las universidades selectivas no pueden predecir con precisión su rendimiento, y por ende se reservan una pequeña lista de estudiantes que podrán ser admitidos después de una fecha específica. No es lo mismo que estar "diferido/a".

Weighted GPA (Promedio de notas ponderado) – Son puntos extra o "peso" añadido al promedio de notas estándar. La ponderación factoriza y calcula las clases consideradas más difíciles, como las AP, IB u Honores.

Work-Study Program (Programa de trabajo-estudio) – Un empleo en la universidad a tiempo parcial, que ofrecen algunas universidades durante el año académico como parte de su paquete de asistencia financiera. El dinero que se gana del trabajo por lo general se usa para pagar la matrícula u otros costos universitarios.

Yield (Rendimiento) – El porcentaje de estudiantes que acepta la oferta de admisión de una universidad y que se matricula en tal universidad.

Made in the USA
Monee, IL
15 February 2021

59570513R00134